红色记忆® 46

红军不怕远征难

海南省文化交流促进会 编著

南海出版公司
2015·海口

图书在版编目（CIP）数据

红色记忆．46，红军不怕远征难 / 海南省文化交流促进会编著．-- 海口：南海出版公司，2015.12（2025.1 重印）
ISBN 978-7-5442-5951-4

Ⅰ．①红… Ⅱ．①海… Ⅲ．①革命传统教育－中国－青少年读物 Ⅳ．① D642-49

中国版本图书馆 CIP 数据核字（2015）第 282176 号

HONGSE JIYI · 46——HONGJUN BUPA YUANZHENG NAN

红色记忆 · 46——红军不怕远征难

作　　者 海南省文化交流促进会
总 策 划 刘　栋
顾　　问 贾延岩
执行总编 任在齐
责任编辑 聂　敏
封面设计 郑广明
排版印务 吴　雪
发行总监 杨成春
出版发行 南海出版公司　电话：（0898）66568505
社　　址 海南省海口市海秀中路 51 号星华大厦五楼　邮编：570206
电子信箱 nhpublishing@163.com
经　　销 新华书店
印　　刷 天津睿意佳彩印刷有限公司
开　　本 787 毫米 × 1092 毫米　1/16
印　　张 6.75
字　　数 117 千字
版　　次 2015 年 12 月第 1 版　2025 年 1 月第 2 次印刷
书　　号 ISBN 978-7-5442-5951-4
定　　价 39.80 元

序

对历史无知的人，没有真正的信仰可言；没有信仰的人，不可能拥有美好的理想，不可能胸怀崇高的情感，也就不可能担负起任何责任。用欲望文化代替历史教育，足以使一个国家的青年被腐蚀、使一个民族的希望被毁掉，使这个国家和民族被永世万代地奴役！

鉴于此，我们呼唤历史，唤回那段属于二十世纪的“红色”历史，唤回那段炮火硝烟、颠沛流离的历史，唤回那冲天的狼烟留下的悲壮回忆、岁月年轮沉淀的斑驳痕迹。历史不应该被忽略，更不应该被遗忘，牢记那段革命战争年代的红色历史更是责任。为了那些不应该被忘却的记忆，为了那些不应该被丢弃的信念，于是就有了这套《红色记忆》丛书。

曾记否，当草鞋与意志丈量出来的两万五千里穿越一个伟大民族五千年的荣辱兴衰，革命的火种被一路播撒、一路点燃。人迹罕至的雪山、荒无人烟的草地被鲜血浸透，衬映出一段光辉的里程；万水千山早已被远远地抛在身后，一轮红日在黄土高原磅礴而起。满目疮痍的河山在1936年10月温暖如春……

曾记否，当生命和鲜血浸染的十几年光阴将一种记忆铭刻进一个伟大民族的历史画卷，革命的火焰从星火到燎原。这栏杆拍遍、易水悲歌般的呼号，这折戟沉沙、慷慨赴义的悲壮，这铁马冰河、枕戈待旦的苦战，这红旗漫卷、所向披靡的豪迈……腔腔热血、铮铮铁骨早已被熔铸成一座不朽的丰碑，中华民族从苦难中百死后生的壮丽诗史凝结成了五星闪耀的红色记忆。

曾记否，中华人民共和国成立以来，又有无数英烈接过前辈用鲜血染红的旗帜，或壮怀激烈戍边卫国，或忠于职守鞠躬尽瘁，或绝甘分少奉献大爱，甘做国家强盛、人民富裕的铺路石，成为和平年代民族复兴的荣光，把人民心中的红色记忆浸染得分外鲜艳，永不褪色。

这红色记忆，是信念不衰、志向不改的崇高气节；这红色记忆，是无私无我、生属苍生的博大胸怀；这红色记忆，是敢为人先、披荆斩棘的拓荒精神；这红色记忆，是中华民族最宝贵的精神财富。它告诫我们，人事有代谢，传承无绝期。缅怀先烈精神，继承先烈遗志，是社会的道德和民族的良心，是后来者须臾不可忘怀的本分。

老一代人把历史的真实交付给我们，我们有责任用真实还原历史，传承给下一代，把那段岁月与现在年轻人的生活连接到一起，使他们眼中的历史变得立体、真实、可靠，让历史成为他们前进的动力。本丛书将那些流动的、随时会飘散在时间天际的事件凝固下来，希望透过这些文字、图片，感受到英雄们那坚定的革命信念，感受到那个年代澎湃的革命激情，真切体会那段“红色历史”。

忘记历史，就意味着背叛。让我们重温历史，缅怀先烈，从中汲取力量，毅然前行。

刘栋

目录 CONTENT

目录

CONTENT

至今还流传在千里岷山之中的故事

——红军长征过甘南

文 / 赵瀚豪

红军两次长征过境甘南，留下了许多感人肺腑的军爱民、民拥军的小故事，至今还流传在千里岷山之中——

藏族医生为周恩来治病

红军过草地时，周恩来的肝病重犯。他发高烧，咽不下食物，常常呕吐，人昏昏沉沉，四肢乏力，难以行走。毛泽东调来全军最好的医生担任护理，让卫生部拿出最好的针药医治周恩来，但由于难以补充营养，周恩来的体质非常虚弱，病情愈加严重。

1935 年 9 月 11 日，红一方面军离开川西北大草原，横穿岷山，向甘南的俄界前行。但周恩来的病，由于山道颠簸和粒米未进而更趋恶化。翌日，中央政治局召开扩大会议，即俄界会议，周恩来因病重未参加。当晚，他的病情更重了，一直昏迷不醒。毛泽东和几位中央首长及医护人员心情沉重，却又毫无办法。这时，村头突然传来了几声枪响，原来是警卫团抓了一个来历不明的青年，司令部正在讯问。

毛泽东等人到司令部一看，只见一个蓬头垢面的小伙子，愣愣地看着大家，一语不发。通过翻译询问，才知道他名叫赛浪，母亲在山里得了重病，是回家来拿药的。毛泽东和几位中央首长商定，在征得赛浪同意后，由卫生部派两位医生到对面山林中去，为赛浪的母亲治病。

大约过了两小时后，赛浪背着他母亲回村了，跟着他的还有他的妻子、妹妹和一个面目黑瘦的老人。赛浪介绍说，这位老人是他的伯父，是位医术高超的藏医，他曾获得藏医高级职称“格西”学位，在这一带很有名气。毛泽东和中央首长及卫生部领导与医生们磋商后决定，恳请老人给周恩来以藏医的方法治疗肝病，得到了他的同意。

9月13日早晨，毛泽东随攻打腊子口的红四团先行出发了，留下卫生部领导、几位医生及警卫人员，他们在俄界村和勾吉寺留住三天，让那位藏医给周恩来治疗。几天后，周恩来一行三十多人随后卫部队赶到了哈达铺，与毛泽东等中央首长会合。周恩来的病虽未痊愈，但已明显好转，能吃饭行军，也能从事领导工作了。

藏族群众帮助红军架桥

1936年8月底的一天清晨，当红四方面军某部大队人马行至迭部县尼傲峡时，发现白龙江上的一座木桥被人拆毁了。这座木桥是先在两岸石壁下垒砌两个正方体的大石墩，然后用长木头伸到对岸桥墩上，再铺上木板。这样悬空架设的大木桥，红军的工兵还从未搭建过。因此，几千人在江岸边，一筹莫展。

忽然，红军指挥员发现西边的山中有一个藏族村寨，便派人到村里向藏族群众求援。经过与该村头人协商，红军表示以五支枪和一百块银圆为酬金，请该村藏族群众搭修此桥。中午时分，尼傲村的三十多名藏族群众出动了。他们有的上山砍伐木料，有的抬石头修建桥桩，有的锯木板，干得热火朝天。红军指战员也和他们一起抬石头、扛木料、打木桩。

到下午6时，一座崭新的木桥架好了。红军指挥员拿出五支长枪、二十发子弹和一百块银圆，答谢藏族群众。藏族群众看到红军如此讲信义，对一百块银圆拒之不收，但红军坚持要藏族群众收下银圆。藏族群众拿出自家的炒面、酥油和熏猪肉等粮食送给红军。

第二天早晨，该村藏族群众夹道欢送红军，头人还派了三个懂汉语的青年做向导，把该部红军一直送到哈达铺后，才返回尼傲村。如今该村的藏族群众，一代一代地传颂着当年军民共建木桥的动人故事。

摔碎瓷罐，红军主动赔偿

1935年9月的一天，红军某连住进了腊子口的朱立村。这是个处于半山腰的藏族村寨。傍晚，连部一位十七八岁的通信员，借了房东藏族老阿妈的瓷罐，去山溪边提水，回来的路上，一不小心把瓷罐摔碎了。

第二天早晨，红军出发前检查群众纪律时，指导员了解到打碎瓷罐的事。于是将全连列队集合，当众询问这是谁干的。小通信员站出来，承认是他摔碎的。按照军纪，损坏群众的东西一定要赔偿，但小通信员除了一支驳壳枪和身上穿的一件红毛衣外，什么值钱的东西也没有。指导员命令通信员脱下红毛衣，赔偿给藏族老阿妈。旁边一位老战士解释说："指导员，这件红毛衣是通信员过草地时，他牺牲的母亲留下的遗物。据说还是他一家人在江西参加红军时，爷爷亲手捻的羊毛线由奶

奶亲手织成的。他的父亲是一位红军营长，在四渡赤水的战斗中牺牲了。临别前，他把这件红毛衣递给妻子，让她转交给儿子……”听到这里，指导员眼里禁不住落泪。

最后，指导员给藏族老阿妈赔了一块银圆。红军也随即出发了，翻山直奔哈达铺而去。

但这个动人的军民鱼水情故事，让腊子口一带的藏族同胞永远不能忘怀。

（本文选自新华网）

我们是这样打胜仗的

——老红军忆长征路上传奇经历

口述/张铚秀　杜万荣　刘月生　肖荣昌　整理/黎　云

四渡赤水，巧渡金沙江，抢渡大渡河，飞夺泸定桥，穿越雪山草地，突破腊子口……创造奇迹的是一支衣衫褴褛的工农武装，他们装备差却士气高昂，他们几度陷入绝境又几度重生。

是长征，铸就了这支人民军队不可战胜的军魂。

狭路相逢勇者胜

1934年8月，因敌人的第五次“围剿”，红六军团四十七团的张铚秀被迫离开家乡，随部队踏上西征之路。

在贵州一个叫田心坪的小镇，红四十七团被黔军固守的一个石碉堡挡住去路。红六军团大部队全被堵在后面。

石碉堡位于小镇入口，一夫当关，镇上还驻扎着黔军一个营。黔军本来就没有什么战斗力，但为了保住自己的地盘，顽抗红军。

此时的张铚秀已是一名营长了，为了给红六军团打开通道，他决定以一个营的兵力对敌人发起攻击。

“我用一个连展开正面攻击，两个连左右迂回，把整个田心坪镇铁桶式地包围起来，还派了一个班负责打援。”张铚秀回忆。

战斗打响之前，张铚秀把营部司号长和司号员全部集中起来，并命令各连所有的司号员听到营部吹什么号，就跟着吹什么号，全营同时向敌发起攻击。

“狭路相逢勇者胜，必须一口气把它拿下来。”张铚秀说。

攻击时间到了，张铚秀亲自拿过一支军号，站上一块高地，正对着田心坪吹响了冲锋号。“我连吹了三遍。当第一遍号音响起，营部和各连的无数支号角，从四面八方一齐吹响。”

那是多么威武雄壮的冲锋号啊！伴着军号，士气激昂，令敌人胆战心惊的喊杀声从不同方向响起。

敌人不知道来了多少红军，除几处敌军进行了小规模的抵抗外，其余的都走出营房和工事，举起双手，向红军投降。

战斗只进行了不到半个小时。是役，张铚秀以一营兵力，不仅全歼黔军一个营，还击溃前来增援的一个营，缴枪近三百支，俘敌一百多人。

“吓死滇军、拖死湘军、脚踏川军、打倒中央军，英雄是红军！”张铚秀至今还对长征途中的这条标语记忆深刻。后来，他在皖南事变中又成建制率部队突围，成为一位战功卓著的将军。

人在阵地在

九十一岁的老红军杜万荣如今仍然豪气逼人。

当年，杜万荣是红四方面军三十军八十八师二六三团的一名连长。在河西走廊死守倪家营子的战斗中，全连战至只剩八人。头部受重伤的杜万荣仍然高唱《红军三大任务歌》，把二六三团的军旗牢牢插在阵地上。

“我们刚过了黄河，匪军就迅速集结，把我们包围在一座山附近。”杜万荣回忆，远离根据地的西路军各个部队被敌军骑兵冲成了几部分，首尾不能相应。

在一分钟之内，杜万荣被弹片连续击中两次。每次倒下后，他都挣扎着从血泊中站起来。在激烈的战斗中，上级命令他率全连跑步占领倪家营子的大炮楼，死守部队撤退道路上的“咽喉”。

杜万荣带领全连刚刚进入炮楼，敌人就架起云梯发起了进攻。他清点了弹药的数量，全连只剩下七十多发子弹和很少的手榴弹。为节约子弹，他命令战士们尽量用红缨枪从枪眼里把敌人捅下去。

突然，一颗炮弹把炮楼楼顶炸开了，杜万荣第三次被弹片击中，可这位硬汉第三次站了起来，冲着楼下大声喊：“喂，小伙子们，还能战斗的到楼上来。”

下面的十几名伤员都爬上楼，看到血肉模糊的战友遗体，年轻的战士们失声痛哭。可敌人仍不停地把冒着烟的手榴弹扔进来，不断地有红军战士倒下去。

一个弹片再次击中杜万荣的头部，杜万荣第四次倒下。接着，又有四颗手榴弹扔了进来，落在他的脚下。他忍着疼痛，捡起快要爆炸的手榴弹一颗一颗又扔了出去……顽强的杜万荣和战友们坚守着炮楼，坚持到三十军政委李先念率领部队前来解围。

直到紧紧握住李先念的手，浑身是血的杜万荣才忍不住呜咽起来……

优待俘虏

1934年11月16日，红六军团在湖南永顺的龙家寨附近打了一次漂亮的伏击战，消灭了湘军陈渠珍部三个旅的大部。

被俘虏的敌人或蹲或坐，忐忑不安地等待红军对自己命运的判决。正在俘虏中做教育工作的电台报务员龙振彪，发现有个俘虏手里拿着一块电台专用电池后非常兴奋——电台肯定在附近。

经指点，龙振彪在俘虏堆里找到了电台队队长杨继昌。他走上前去，轻轻地冲着蹲在地上的杨继昌说："杨先生！"

一句"杨先生"，让这位曾到德国深造的国民党无线电技术军官感动得两眼发红。短暂的教育后，杨继昌便主动带领红军到后山，挖出了被埋藏起来的电台。

"抗战时，手下的一个连长曾悄悄告诉我，他曾经被红军俘虏过七次，每次都被释放了。"老红军刘月生始终认为优待俘虏是使很多敌人在关键时刻放弃抵抗的重要原因。

在策应中央红军北上的过程中，刘月生随红六军团在南浔铁路附近活动。"我们攻占了一个敌军医院，缴获了很多奇缺的药品。"他回忆道，"但没有伤害一个伤病员，还发了遣散费让他们回家。"

1935年5月8日，为策应中央红军渡过金沙江，红六军团主动进攻，包围了湖南宣恩县城，准备消灭前来救援的敌军张振汉师。张振汉受过军校教育，在与红军作战中，多次叫嚷"活捉贺龙"，气焰非常嚣张。

八十八岁的老红军肖荣昌当年是红六军团的一名报务员，目睹了整个战斗场面。他回忆道："敌人的师部设在一个大石头后边，用电台发送求救信号。"

请示了军团长后，肖荣昌用电台向敌人发了一份明码电报，大意是："诸位仁兄，你们已经没有希望突围了，希望你们不要破坏电台，完好地送给红军，才是你们的好出路，红军欢迎你们。"

张振汉师曾多次和红军交手，官兵对红军的优待俘虏政策早有耳闻。当红军冲进敌师部后，他们果然把电台完整地保存着，全体报务员都加入了红军。

师长张振汉也没有逃掉，他穿着一身小而不合身的士兵服，被带到贺龙的面前。"贺龙亲自倒了一杯开水放在他的面前，邀请他参加红军。"肖荣昌回忆道。

后来，张振汉跟随红军到了延安，中华人民共和国成立后还担任了湖南省政协副主席。

（本文发表于2006年10月11日，选自新华网）

亲历会宁会师
——老红军杜义德将军的传奇经历

口述 / 杜义德　整理 / 曹　晶

杜义德，湖北黄陂人，1912 年 5 月出生，1928 年加入中国共产主义青年团，1929 年参加工农红军。红军长征途中，历任红四方面军总部四局局长、直属纵队司令员等。中华人民共和国成立后，历任沈阳军区副政委兼旅大警备区政委，海军副政委、第二政委，兰州军区司令员。1955 年被授予中将军衔。

1936 年 10 月 5 日，红四方面军直属纵队司令员杜义德率部沿通渭、马营、中川日夜兼程，想到即将赶到会宁与红一、二方面军会师，一路的艰辛和疲惫都烟消云散。

这天夜里，逶迤前行的队伍突然放慢了脚步，前方一名小战士骑马来报：在前方几里远的一座小山包上“潜伏”着一支队伍，借着微弱的月色辨别，竟有几十人，似乎都在擦拭着武器……司令员听了，不免皱了皱眉：敌人难道在此设伏？前方地势开阔，道路纵横，这似乎有悖兵家常理！小战士看到司令员有所思，又认真地补充道：“不过，他们也不隐蔽，有的竟然还扯着嗓子唱起小调——哎呀哩……”杜义德听着小战士有些跑调的模仿，突然哈哈大笑起来：“这分明是兴国山歌！那是红一方面军的弟兄在接应我们呢！”于是杜义德情不自禁地学着江西的方言呼唤道：“哎！同志哥哟——”

司令员一带头，整个队伍都呼唤，“同志哥”在山中此起彼伏的回响。山头上的几十号人听到这排山倒海的歌声，激动得一路跑下山来，在前面的同志一边跑一边呼喊：“你们是四方面军的同志吧！你们辛苦了，我们是奉党中央、毛主席的命令来迎接你们的！”

10 月 9 日，杜义德率直属纵队随红四方面军指挥部由南门进入会宁城，与红一方面军的部队会合。不久，红二方面军也经天水地区渡过渭河，经秦安、通渭到达静宁以北的将台堡同红一方面军一军团胜利会师。

10月10日清晨，会宁城内人头攒动，彩旗飘舞，这座偏僻的小城从来没有像今天这么热闹过。放眼城中，几乎成了红军的海洋。大伙只要见了面，无论认识与否，都激动地拥抱在一起，久久不肯松开。

尽管会宁一带自然条件恶劣，百姓生活异常清苦，可先期到达会宁城的红一方面军还是想方设法做好接应准备。他们除了向老百姓购买部分粮食外，还主动将每日三餐减为两餐。此外，他们还尽量节约使用窖里的水源，许多战士还自发帮助红军被服厂连夜赶制草鞋、毛衣、袜子和手套。

当时杜义德在组织部队清理场院时，无意中发现了一眼枯井。细心的他留意到井壁有一些浅浅的脚窝，而且已经被磨得十分光滑。难道这井中会有什么文章？杜义德带两名战士，握着手电筒，顺着绳索爬到井底。好家伙！井底果然别有洞天，这是一个庞大的“军需仓库”。布匹、衣服、鞋子、袜子、羊皮等各类日用物品琳琅满目，应有尽有。

原来，据守会宁城的国民党省保安团和县保安中队，赶在红一方面军进驻会宁之前，预先把搜刮来的民脂民膏囤积此处，谁知最终还是落得“取之于民，用之于民”的结果。杜义德带人清理了一个上午，才使仓库里的物资重见天日。他们将其中的大部分归还给当地群众，把剩下的一些赠送给红一方面军的战友们。这样一来，大大改善了红军当时物资严重匮乏的生活。

在1960年军委扩大会议上，杜义德受到毛主席的亲切接见

傍晚，红军三大主力部队代表齐聚会宁城文庙。一时间，这小小的文庙张灯结彩、座无虚席。会场布置得简朴而热烈，临时用门板搭建起来的主席台上坐着朱德、徐向前、陈昌浩和陈赓等红军主要领导。会师大会由红四方面军政治部主任李卓然主持，朱德总司令作了重要讲话。直至暮年，杜义德还清楚地记得朱老总站在主席台上坚定地挥动手臂的样子，他操着浓重的四川口音所说的第一句话是："同志们！我代表党中央、代表中央军委、代表各方面军总部，向同志们问好！"那掌声雷动、欢呼雀跃的热闹场景好像就发生在昨天。

杜义德当时并没有意识到，自己亲身经历的会宁会师竟然在我党我军的发展史上具有里程碑式的意义，它标志着中国工农红军长征的胜利结束，也标志着抗日民族革命战争新阶段的到来！

（本文选自《解放军报》，有删节）

逃出虎口寻红军

——西路军老战士罗名榜的传奇经历

口述 / 罗名榜　整理 / 厉　巍　张国委　翁淮南

罗名榜曾两过雪山、三过草地，并作为特务连连长随红四方面军西征。这位红军老战士，要讲述的是他逃出虎口寻找红军的传奇经历。

“栗园口一战，全团只剩下我和另外四名战友”

1936 年 10 月 22 日，红军三大主力会师。10 月 25 日，时任三十二团特务连连长的罗名榜渡过黄河，随红四方面军的红五军、红九军、红三十军组成西路军，开始了西进。

对于深入河西走廊的红军西路军，蒋介石指使马步芳、马步青等部进行围追“兜剿”。西路军广大官兵在无根据地作依托，又无兵员、物资补充的情况下，不怕牺牲，孤军作战，虽毙伤俘敌约两万人，但因敌众我寡，最终失败。

“我们团和马步芳部的最后一战在栗园口。”罗名榜说，“那是 1937 年 3 月初的一个黄昏，我永生难忘的日子！”面对层层不断围上来的敌人，罗名榜所在团的全体指战员，浴血奋战。突然，一枚炸弹在他身边爆炸，他顿时失去知觉。待他醒来，身边都是尸体，活着的只剩下他和另外四名受轻伤的战友。

随后，他们一行五人决定沿着河西走廊向东走，去寻找红军大部队。

“寒夜，我们被五十多名号叫着的土匪追杀”

黑夜，像一张巨大的帐幕笼罩着河西走廊；寒风，带着戈壁滩的沙砾，卷着祁连山的雪屑，气温降到零下三十多摄氏度。在这滴水成冰的寒夜里，他们一行五人正走着，突然，五十多名土匪嚎叫着围了上来。当时的马步芳部煽动当地人，抓住一个红军赏一块大洋。在一片“抓活的”叫喊声中，罗名榜和战友决定分头脱险。

“当时没想到能活着，只是随时准备碰到敌人就打，打死一个够本，打死两个赚一个。”罗名榜说。然而，当他拔出驳壳枪射击时，子弹卡壳了。说时迟，那时

快，他纵身跃上一个土高台，钻进了树林。

罗名榜在树林子里一阵狂奔，后边的人还在拼命地追，而且越来越近。这时，他急中生智，转身用手里提着的那支卡了壳的驳壳枪做射击状，没想到又碰巧被树枝划了一下，竟“叭”的一声枪响，正好击中后边的第一个土匪。在土匪们犹豫间，罗名榜已翻进山崖脱险。

“在敌营区，我从运送大粪的洞口里逃了出来”

几分钟前，他们还有五个人，转眼间只剩下他一个了。罗名榜满怀燃烧的仇恨，继续沿着河西走廊向东寻找红军。

饿了，吃点野果紧一紧腰带；渴了，就抓一口雪放进嘴里；瞌睡了，边走边打盹。一路上，十次躲过土匪的截击、围追。十几天后，罗名榜遇到一位老太太，便用他仅有的一块大洋换了五斤炒面和一身老百姓的破衣服，并藏好没了子弹的驳壳枪，又开始踏上寻找红军的征程。

然而，当他走到甘肃靖远境内时，被军阀陈宝珊的部队当作壮丁抓住了，让他到一团二连当兵。

这里，营房四周有高墙、铁丝网，警备森严，就连往外运送大粪，都是从围墙上挖个孔向外倒，倒完粪便再封上。听说，之前有几个逃兵，逃出去后都是被身背鬼头大刀的追兵抓了回来。对抓回来的逃兵，连长要是高兴只会把他暴打一顿，关几天禁闭；连长如果心情不好，逃兵的脑袋就会被鬼头大刀砍下来。但罗名榜不死心，想在运送大粪的洞口上做点文章。

四个月后的一个烈日当空的中午，连长喝醉了呼呼大睡，罗名榜认为机会来了。他通过多次观察，只有那个向外倒大粪的洞口才是逃跑的唯一通道。他借自己轮班往外倒大粪的机会，趁人不备推开洞口爬了出去。

逃不多远，后面就有骑马的追兵，他本能地拼命往东跑，由于慌不择路，一下子摔进一个大土沟里。等他醒来时，有人告诉他刚才有三个骑着马、身背鬼头大刀的士兵向南边追去了。罗名榜躲过一劫。

“那个勤务兵要是供出我，我肯定没命了”

那时，不敢走大道，专找人烟稀少、道路难行的地方走。真是怕鬼就有鬼，当走到甘肃会宁县境内时，他又一次撞上了厄运。

“站住！穷要饭的，跟我们当兵去吧！”经过一块西瓜地时，国民党军一个班长带着几个士兵上山打野兔，看到了衣不蔽体的罗名榜，当即把他扣住了。后来他得知，这是陈宝珊部第二团。没办法，只能暂时先待下来。

罗名榜被强行带到该团三连当兵。他万万没有想到的是，在同一个排的战士中，他遇到了当年自己在红四方面军当连长时的四川籍勤务兵。当罗名榜的目光与那个勤务兵的目光碰上时，他的心里七上八下、忐忑不安，不知道那个勤务兵是投敌叛变还是一样被抓来的。

“还是革命战友的感情深啊！那个勤务兵始终装着不认识我，如果他告诉敌人我是红军连长，自己肯定没命了。”罗名榜对那位勤务兵充满了感激之情。

二十天后，罗名榜在施工中趁人不备逃脱了。从会宁逃脱后，罗名榜又被国民党胡宗南的七十九团抓去当兵。但罗名榜始终没有忘记去寻找红军的使命。

“当我看到有人拿着梭镖站岗时，我知道到家了”

在泾原驻训时，营区周围布满了铁丝电网。在一个风雨交加的深夜，罗名榜利用值班站岗的机会，冒着生命危险从铁丝电网下边向外爬。为了降低身体的高度，他边爬边用手挖地，等爬出来的时候满手鲜血淋漓。从泾原逃出来后，罗名榜一直向东走，不知经历了多少艰险，走了多少夜路，终于走到了陕西境内。

“1938 年 12 月，在保安地区，当我看到有人拿着梭镖站岗时，我知道自己终于到家了。”说到这里罗名榜显得异常兴奋。站岗的同志得知他是从西路军回来的，立刻把他带到当地政府，给他安排住处，发给他五块大洋，叫他理发、洗澡、换衣服。罗名榜在那里休整几天过后，当地政府派人把他送到了延安。

在延安，罗名榜向组织上汇报了自己的经历。不久，组织上又送他去抗日军政大学学习。此后，他先后参加了抗日战争、解放战争和抗美援朝，多次荣立战功。

（本文选自《解放军报》，有删节）

英雄不老
——九十六岁老红军谭德本的传奇人生

口述/谭德本　整理/李东梅　左鸣远

谭德本

时年九十六岁的老红军谭德本，说起当年长征的故事，依然思路清晰，感人至深。老红军谭德本家里唯一上锁的地方，是一个不起眼的棕色衣柜。

衣柜的一角，珍藏着老人一生最珍视的宝贝：一件褪色的绿军装、一顶发黄的旧军帽、四枚镶着五角星的红肩章，还有他荣获的八一勋章、独立自由勋章和解放勋章。

1955 年授衔时，谭德本拍下了人生中的第一张照片。隔着半个多世纪的时光看去，照片中的青年英姿勃发，穿戴的正是珍藏至今的军装、军帽和勋章。

谭德本的小儿子谭新平说："父亲将这些看得比自己的生命还珍贵。我小时候曾经偷偷将勋章和军装偷出去，跑到照相馆照了一张跟父亲一样的照片。"

1933 年 8 月，谭德本在四川南充老家参加革命，那一年，他只有十三岁，是个"红小鬼"。他经历过长征，先后参加了抗日战争、解放战争和抗美援朝。他无数次在枪林弹雨中战斗，身上伤痕累累，印满了战争的烙印，可以说是中国革命的“活化石”。

“我是红四方面军的，曾经两过草地，两翻雪山。

“长征路上，铺的是地，盖的是天，嚼草根，吃皮带……

“我年纪小、身体轻，在草地上打着滚往前走，眼睁睁看着战友从草滩上陷下去，没法子救。

“寒冬腊月，部队走到了宁夏盐池，我们这些南方兵还穿着从家里出来时穿的短裤，腿上冻得裂口子，鲜血顺着腿往下流。”

抗日战争时，谭德本的右腿不幸中弹，他拄着枪、拖着伤腿跑了三十多里；解放战争时，敌人扔过来一个手雷，又炸伤了他的左腿。

有一年，前有悬崖峭壁，后有国民党“围剿”的追兵，谭德本和战友跳下十几丈深的悬崖。“我跳下去，被一块石头垫了一下，没有摔死。”

“苦啊，那个时候，真苦！”老人皱眉咽下一口唾液，双眼噙满了泪水。

战争年代，多少伤痛也没能让这位坚强的战士倒下，然而，只要提到那些不幸牺牲的战友，老人却一次又一次老泪纵横：“那么多战友都牺牲了，我还幸运地活着。”

“解放后，最想做的事是啥？”

谭德本用四川方言吐出两个字：“回家。”

1949 年全国解放，谭德本没顾上回家。不久，他匆匆踏上了抗美援朝的战场。1955 年，谭德本第一次回到了故土，白发苍苍的双亲见到离家多年的儿子，抱头痛哭。

如今，老年斑爬满了谭德本的颧骨和眼角，干枯的手臂如一段经历时光沉淀的虬枝。说到激动处，他的手臂挥动起来，依然有着战争年代的无尽力道。“过去吃不上、喝不上、穿不上，现在吃鸡蛋、喝牛奶，在银川住上了一百多平方米的房子，生活条件越来越好。”说到最后，谭德本突然将声音提高了八度，“这一切都要感谢共产党！”

（本文发表于 2014 年 1 月 23 日，选自《宁夏日报》，有删节）

王定烈：地狱归来的“草鞋将军”

文/余　玮

“从红军长征一直到西柏坡，我是九死一生，是从地狱里爬回来的。”空军原副司令员王定烈少将如是说道。他的一生真可谓波澜壮阔，跌宕起伏。

老红军王定烈常年保持穿草鞋的习惯

八十多年穿草鞋的难了缘

多年来，王定烈喜欢穿草鞋，在胸前佩戴着一个有“为人民服务”字样的毛泽东像章。他说：“从小就穿草鞋，穿了八十多年了。现在每年夏天爱穿草鞋，透气、舒服。草鞋，要么是家乡人送我的，要么是我自己买的，北京还没有卖的哩。”

1936 年 7 月，王定烈所在的红四方面军第五军开始穿越草地。一年前，兄弟部队就从这里经过，路上仍时时可见累累白骨。王定烈和战友一边行军，一边组织“收容队”掩埋遗骨。十八岁的王定烈第一次真正感受到了面对死亡的恐惧。

进入草地的第三天，面黄肌瘦的王定烈突然发起“羊毛疔”（急性胃炎），痛得他浑身大汗。他一边捂着肚子，一边前进。他知道，自己绝对不能掉队，否则就再也不能起来了。

红军过草地缺医少药，王定烈在痛苦中煎熬着。一天他突然想起在老家时母亲给哥哥治“羊毛疔”的土法子。于是他坐在草地上，从软帽上取下别着的针，想着母亲当时的办法，把胸口处的皮挑破，咬牙使劲挤出紫黑色的血。虽然他痛得差一点晕过去，但很神奇的是他居然把自己的病给治好了。

谁知祸不单行，王定烈又患上了重感冒，两天两夜，一直发着高烧，人事不省。两天后，朝夕相处的师长兼团长郭锡山（后来在西路军血战河西走廊的战斗中当了可耻的叛徒）见他的病情没什么好转，借口战斗情况紧，机关责任重大，亲自用刀割断了把王定烈绑在马背上的绳子，并把他丢在了荒野之上。这时，幸好团政委万汉江赶来，和郭锡山大吵一顿，几乎动了枪，才又把王定烈从荒野找了回来。王定烈回忆说："那个叛徒好狠心啊！要不是团政委赶来，我王定烈早就尸陈荒野了。"

接下来的两天下大雨，部队不得不在原地滞留，这给了王定烈宝贵的休养时间。病情稍微好转，王定烈便拖着马尾巴，又走在茫茫征途上。

放牛娃成了红小鬼

王定烈出生在川东宜汉得胜场下王家屋。五六岁的时候，和许多穷苦孩子一样，当上了放牛娃。

十岁那年，上王家屋办了一个私塾。母亲就送王定烈上学，并规定他夜晚不得早睡，亲自伴读。

1932 年，王定烈考上了离家十五里的岩门场初级小学，因无经费办高小班，第二年转到七十里外的蒲家场第五高级小学上学。幸运的是，王定烈每次考试都是前三名，免交了每学期两块现洋的学费。

"到了十五岁那一年，我就上高小了，才过一个多月，红四方面军进了川陕苏区，发动了宣达战役，和我们家乡的川东游击军会合了。当时，因为战争，小学停办了，我们也没有什么出路，恰好红军'扩红'，干脆参加红军。于是，身着单衣单裤、脚穿破草鞋的我从得胜场爬山越岭走了四天，来到南坝场三十三军军部，再到上八庙九十九师二九五团报到。"十五岁的王定烈成为一名"红小鬼"，开始了南征北战的漫漫之旅。

直到 1951 年，时任航空兵二十三师师长的王定烈才在南昌见到阔别十八年、辗转找来的母亲。

参加红军的第一天，王定烈把自己的名字改为"定烈"，意在坚定信念、轰轰烈烈闹革命。王定烈还记得："我的第一个武器是大刀，再有就是长矛。长矛是用四川的竹子削尖以后，再用火烘干，其实是梭镖。我们当兵哪里有武器装备呀？红军当时武器装备是靠消灭敌人，用从敌人那儿缴获过来的武器装备。我到连队以后当了一阵传令兵，就是现在的通信员。"

在革命年代上，王定烈有写日记的习惯。“长征路上，我曾记下过不少的日记，最终都丢了，只是留下了一条命！”

一颗子弹留存在腰间十六年

1936年10月底11月初，国共两党的一场激战在黄河两岸展开。这是一场实力悬殊的较量。中国工农红军主力已经被滔滔黄河水拦腰斩断，分割为了河东、河西两个部分。中央决定成立西路军，目标是“打通河西走廊”，争取得到苏联的援助。此时王定烈的身体已经恢复，他被编入红三十军二六八团五连二排，随西路军出征。此后，西渡黄河的四方面军主力部队和河东红军渐行渐远，独自向河西走廊挺进，也开始了与西北军阀浴血拼杀的悲壮历程。

1937年3月14日，是西路军历史上重要的一天，也是王定烈记忆中最为难忘的一天。此时，两万大军只剩下不足三千人。部队突破马家军重围，退守到甘肃一个名叫石窝山的雪岭上。

14日上午10时许，敌人占领了二六八团右翼高地，向五连猛烈侧射。王定烈所在的第二排本来只剩十二名战士了，在敌人的猛烈侧射下又牺牲了三名战士。王定烈和其他八名战士顽强抵抗，几乎不是用武器而是用生命在抗击敌人。恰在这时，一颗子弹飞来，王定烈猛然觉得右胸像挨了一拳，血从胸膛里淌出，打湿了胸前衣裳。他顿时感到天旋地转，眼迸金星，昏倒在地。

旷野里狼嚎声不时传来。王定烈到半夜苏醒过来后，剧烈的疼痛使他全身像通电一样颤抖，看到的只是战友的尸体——西路军余部已经分兵突围。他挣扎着站了起来，想走下山去，双腿却像两根铁棍，沉重、麻木得迈不开步。他后来才知道，那颗子弹没有出来，从胸膛钻进了腰里，横搁在脊梁上，压迫着脊椎神经，使他的下肢麻木。他只好爬，用上肢带动下肢，一步一步地离开染满鲜血的战场，朝山下爬去。

王定烈回忆说：“我当时做好了死亡的思想准备。这次受伤一时使我完全丧失了战斗和行走的能力，只得忍着疼痛爬行。”于是，衣服被撕成了条条，全身也被山石、荆棘划破一道道血口子。

“走走”停停，巧遇一些负伤的战士，他们不谋而合：“寻路下山，乞讨要饭，爬也要爬回陕北！”

第二天，王定烈和二三十名伤员隐藏在一间小屋内，被敌军发现。敌军对我伤员一阵机枪扫射，又挥刀乱砍，王定烈头、臂、手四处中刀。一群伤员中，仅王定烈一人幸免于难。王定烈身上当年所留下的刀痕至今还清晰可见。

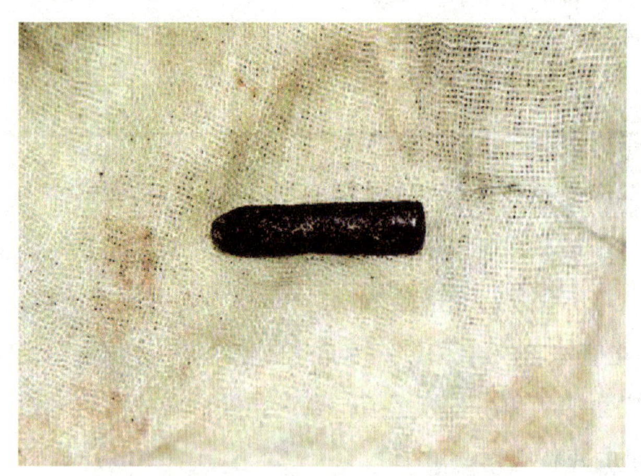

老红军王定烈在长征中受伤后，有一颗子弹一直留在体内，直到十六年后才经手术取出。这是王定烈保留至今的弹头

王定烈大难不死，继续找部队，由于伤势严重，两三个小时才走了近二百步。天黑了，王定烈睡着了，几只狼围了上来，被惊醒的王定烈用棍子敲打身边的石头，把狼吓走了。

王定烈在找部队的路上被捕。5月上旬，敌人将包括王定烈在内的三百多名红军俘虏押解到武威。已经投敌的师长郭锡山前来劝降，王定烈当时因身体内部有一颗子弹横在脊梁处，腰直不起来。为了在叛徒面前直起腰来，他拼命直腰，当时疼得昏厥倒地，可是这样一来竟将横在脊梁上的六毫米粗、三十毫米长的“七九”步枪子弹顺了过来。腰从此能够挺直，腿能够使劲了，好似动了一次手术。

当年在河西走廊上击中王定烈的一颗子弹在他的腰间待了整整十六年，伴随他一直走过了抗日战争、解放战争和朝鲜战争。

被监禁了七天，又被押往永登编入“补充团”。6月下旬，他们被押去修筑新（疆）兰（州）公路，变成了“劳役团”。一天，汽车过六盘山时出了车祸，一车人被甩出车外，王定烈被摔得不省人事。老天也仿佛垂青英雄，王定烈居然还是活了过来。王定烈因此得了个“死不了”的绰号。

七七事变后，在党组织的营救下，王定烈从西安回到延安，被派到一一五师三四三旅警卫连当班长。不久给萧华当警卫员，随萧华挺进冀鲁边。

（本文选自《党史纵横》，有删节）

有勇有谋夺胜利
——老红军赵新长征时期的战斗故事

口述/赵　新　整理/范建生　卢旭升

修工事

1933年冬，四川“剿匪”总司令刘湘纠集各路军阀三十余万人马，对川陕苏区进行围攻，妄图置红军于死地，形势十分严峻。

经过三天三夜的急行军，我军刚到袁沙场一带，白匪军便尾追而来。我团担负阻击敌军、掩护大部队撤退的任务，我连主要负责构筑掩体、战壕和掩蔽部等工事。工事本来修得挺好，但敌人的飞机在上空飞了一遭，扔下几枚炸弹，工事就被炸得一塌糊涂。我们抓紧抢修，忽然又一枚炸弹落到了掩蔽部附近，正在修工事的我被飞起的泥石掩埋了。当战友们好不容易把我扒出来时，我已浑身是血，晕了过去，之后被送到附近山村的老乡家中休养。

其实只是皮肉伤，我耐着性子在老乡家待了两天，心里一直琢磨：费这么大劲儿修的工事，怎么就不堪一击呢？后来，我想起小时候和伙伴们玩游戏时，经常绕“之”字形路线追赶逃脱。我就想，如果把工事也修成“之”字形，在拐弯处堆上树枝进行伪装，那只能飞直线的敌机不就很难发现了吗？这个念头让我兴奋不已，不顾一切就往阵地上跑。

团里采用我的建议，摸黑干了一夜，把所有的工事都修得曲里拐弯的，伪装得也很好。第二天，敌机在半空绕了几圈，果然没有发现。晚上，敌军的部队中了我们的埋伏，被打得落花流水。我还因为出了好点子得了一次嘉奖。

捉“舌头”

1935年秋，我所在的三十军九十师受命攻打鼎山场。师长王乃贵命令我们侦察连抓个“舌头”，摸清敌情。

这天深夜，天黑洞洞的，阵地上静得出奇。排长“鄂豫皖大哥”带着我跳过两道战壕，翻过栅栏，绕过小树林里打瞌睡的敌人哨兵，藏在一堵断墙下，观察周围情况。

忽然，从远处树林边传来一阵脚步声。只听一个声音说："连长，我拉肚子。""事儿真多，滚一边拉去！"敌连长说完，朝断墙这边走来。瞅准机会，我一跃而起，掐住敌连长的脖子，把他扑倒在地，用破布塞住了他的嘴。排长用绳子将他的手脚绑起来，我俩抬起来就跑。刚跑出一段，后面就传来了哨兵的呼喊声，手电筒的光柱不停地向我们这边晃动，子弹也"嗖嗖"地飞了过来。情急之下，我端起"汉阳造"，枪响灯灭。敌哨兵惊叫一声，呆立在原地，我们趁机撤了出来，顺利地把"舌头"交给了师长。

遭遇战

1935 年 8 月，我们走出草地时，已是三天三夜没吃一点东西，肚子里灌的全是水。我们进入四川班佑地区后，又遭到守敌胡宗南部的围追堵截。为扫清红军北上的障碍，我们与敌军在班佑以东的大戒寺和包座打了一场遭遇战。

大戒寺背靠一座五六百米高的大山，寺前有一条小河。虽然小河只有两丈宽，但因为地势陡峭，又逢雨季，河水深而湍急，形成一道天然屏障。8 月 29 日黄昏，我军突然发动猛攻，付出血的代价后，夺取了外围据点。敌军死命抵抗，等待援兵到来。

30 日下午 5 时，敌援兵钻进了我们预设的"口袋"。嘹亮的冲锋号刚刚吹响，我军士兵如下山的猛虎直扑敌军，打得敌人鬼哭狼嚎，三四千米长的战场一片火海。我第一个跃出战壕，啪的一枪打倒了敌军的一个指挥官，趁敌人混乱之际，大家冲上去和敌人展开了厮杀。战斗进行得极其惨烈，一起参军的小伙伴赵耙子满身是血，牺牲时双手还紧握着大刀；排长"鄂豫皖大哥"端着机枪冲在最前面，子弹打光了，就用大刀砍，被打断了一条胳膊后，还把短刀捅入了敌人的胸膛。

经过七八个小时的激战，我军将胡宗南的四十九师全部歼灭，敌师长伍诚仁负伤后跳河自杀。我们还缴获了大量的急需物资，致使敌军将我们困在草地的阴谋彻底破产。

（本文选自《解放军报》，有删节）

军政委挥刀参加白刃战

口述 / 吴忠泰　整理 / 卜金宝

吴焕先

长征是一部壮丽的诗篇。从长征之初的二十万六千人，减少至长征结束时的五万七千人。红军将士的牺牲精神惊天地，泣鬼神。

二十世纪二十年代，中国大地上燃起了革命的烈火。星星之火迅速燎原，全国相继建立了几块革命根据地，鄂豫皖革命根据地就是其中之一。大别山是鄂豫皖根据地的中心地域，红二十五军就诞生在这里。而老红军吴忠泰讲述的正是红二十五军政委吴焕先在长征路上的感人故事。

严明纪律，制定“三大禁令四项注意”

1934年11月11日，中共鄂豫皖省委在光山花山寨举行会议，讨论红二十五军实行战略转移的问题。会议讨论决定向西转移，红二十五军的长征就此开始。其间，部队进行了整编，程子华任军长，吴焕先任政委，徐海东任副军长，全军两千九百余人。

作为鄂豫陕苏区的创建人，吴焕先是一位杰出的指挥员，被誉为“战神”。在长征中，吴政委率先垂范，严格要求部队。红二十五军所到之处，首先出安民告示，书写大幅标语、画漫画，向群众宣传团结抗日，鼓舞人们起来革命。在当时，红军凡用了群众的东西，都会照价付款。群众一时不在，红军就会把钱放在他们家里。原先躲避起来的群众见状，纷纷回到家中，帮红军担水、带路、介绍情况。

1935年8月15日，部队进入回族同胞聚居的静宁兴隆镇，休整三天。吴政委和其他军领导研究，为部队制定了“三大禁令四项注意”，即禁止驻扎清真寺、禁止打回族中的土豪、禁止在回民中吃大荤；注意尊重回族的风俗习惯、注意不用军队水桶在井里打水、注意回避青年妇女、注意实行公买公卖。进入兴隆镇后，红军先派几个回族军人把写好的布告、标语贴到街上，宣传红军是团结抗日的军队，不扰民、不拉夫、不抓兵、不征粮、不要款。

为使群众尽快了解红军，吴政委亲自访问阿訇，并召集有威望的人士举行座谈，讲明红军北上抗日的意图和共产党的民族政策。红军的一言一行，得到了阿訇和群众的称赞，称红军是“仁义之师”。随后，红军吹着军号，把一面绣着“亲如一家”的锦旗送给清真寺。阿訇也组织群众抬着肥羊、端着油果向红军回拜，祝愿红军取得胜利。

8月17日清晨，当红军离开村镇时，群众以清水洒街，夹道欢送，献上点心、油果，依依不舍地为红军送行。这时，村里的十几个回族小伙要求参加红军，红军征求阿訇和家长同意，接受了他们的请求，将他们编在军政治部，沿途负责联络带路和做群众工作。后来，毛泽东同志高兴地称赞道：“红二十五军是我党我军执行民族政策的模范！”

解救部队，吴政委壮志未酬血洒疆场

吴忠泰老前辈深情地回忆道：吴政委不仅会做思想工作和群众工作，而且作战十分勇敢。1934年冬，红二十五军在河南省方城县境内的独树镇进行了一场生死攸关的血战。因突遭敌人包围，红军十分被动。危急时刻，吴政委抽出大刀，命令：“坚决顶住敌人，决不后退！”他率先冲锋，与敌人展开白刃战。副军长徐海东率领后续部队及时赶到，经过一番激战，终于打退敌人的进攻。“血战独树镇”也因此与“飞夺泸定桥”“激战嘉陵江”等著名战例一起被载入史册。

“就是这样一位德高望重、令人崇敬的首长，却壮志未酬，在四坡村阻击战中不幸牺牲。这是我最痛心也最难忘的一次战斗。”吴忠泰惋惜道。

1935年8月21日中午，部队到了泾川县城以西十余里的王村，翻越王母宫塬，徒步过河，刚过一半，山洪暴发，河水突涨，有几个战士不幸被洪水卷走。军直属队和在塬上担任后卫掩护任务的二二三团都被阻于芮河北岸。就在这时，敌二〇八团千余人，在骑兵配合下，向我二二三团突然袭来，情况危急。吴焕先听到枪声，立即带直属交通队和学兵一百一十余人火速赶来，占领一处高地，向敌左后侧猛烈射击，使敌军两面受敌。战斗正在激烈进行时，突然一颗子弹飞来，吴焕先政委中弹负伤。

“为政委报仇！”此时，愤怒的火焰在每个战士的心中燃烧起来，他们如同猛虎下山一般向敌人扑去。用刺刀捅、大刀砍、手榴弹砸，硬把国民党军一个团的人马压进一条深沟，然后全部歼灭，国民党军第二〇八团团长马开基也被当场击毙。但是，一个不幸的消息传来，吴焕先政委经抢救无效壮烈牺牲。红军指战员一个个都惊呆了，许多人放声痛哭。因为战斗还在继续进行，部队没能为吴政委举行葬礼，全军将士只能肃立在吴政委的遗体周围，用热泪和军礼向这位可亲可敬的首长做最后的告别。

（本文选自《解放军报》，有删节）

老红军莫异祥讲述长征故事

口述 / 莫异祥　整理 / 王昌伟　尤　贵　侯永锋

在小学课本里，有一篇课文《金色的鱼钩》，记叙的是一个发生在红军过草地时的催人泪下的革命传统故事：一位老班长接受党交付的任务，尽力照顾三个病号，将钓到的鱼全给了病号吃。在即将走出草地时，饿得奄奄一息的老班长却牺牲了。

这个感人至深的故事，正是红军二万五千里征程中风餐露宿、不畏牺牲的真实写照。

草地“鱼汤宴”

每次回忆起长征时的战斗岁月，老红军莫异祥都是唏嘘不已、感慨万千，心情久久不能平静。

莫异祥说，在长征最艰苦的时候，最考验红军将士的就是吃的问题。那时，饥饿时时刻刻困扰着红军将士，为了生存，他们吃草根、嚼树皮、煮皮带……但他们连队在过草地时，全连却吃上了一顿“鱼汤宴”。莫异祥回忆说：“那顿鱼汤啊，我感觉是今生吃过最好的美味佳肴。”

其实，那顿“鱼汤宴”只不过是一大锅水煮了三条小草鱼。

1933 年 12 月，当时才十四岁的莫异祥参加了红军。因为岁数小、个子矮，连枪都扛不了，部队就把他送到红四方面军总医院列宁学校学习。长征开始，他被分配到红三十一军九十三师二七九团卫生队，后来又调到二七九团特务连。他回忆，当时的特务连又是“收容队”，走在红三十一军最后面，执行收拢伤员和鼓励那些掉队官兵的任务。

在第三次过草地时，大部分红军战士都没有吃的了，一些官兵因伤病或饥饿，

都走不动了，落在大部队后面。为早日走出茫茫草地，身体强一点的帮助身体虚弱的，年长的帮助年轻的，男同志帮助女同志。在艰难困苦面前，大家互相鼓励，彼此宣传鼓动：只要有信念、有毅力，就一定会走出草地。

记得有一天，大家实在是走不动了，连长、指导员看到大家饿得厉害，便说："同志们，我们大家停下来休息，烧水，吃干粮。"实际上大家知道自己早就没有干粮了，只是一句鼓劲的话罢了。休息时，大家拾一点柴火开始烧水，有的人用洋瓷缸烧，有的干脆就用洗脸盆烧。

连里有个名叫杨长万的排长，在大家烧水喝时，把帽子上缝衣服的针拿下来，在火中烧了烧，然后弯成一个小鱼钩，到河边钓鱼去了。

过了一会儿，杨长万钓到三条草鱼。大家高兴得不得了，立即搬来一个大锅，架起来烧了满满一大锅水，把三条草鱼简单收拾后往水里面一放，再抓把盐往锅里一撒，就开始煮了起来。大家围在一起，看着鱼在水里翻腾，别提有多开心了，有的战士情不自禁地说："真香啊！真香啊！"

"其实那三条草鱼并不大，放在一大锅水中就显得更小了。"那时全连五六十个人，加上收拢的十余名伤员，见有鱼汤喝，大家的兴奋劲就别提了。

鱼汤煮好了，有的战士喝了一碗再来一碗，有的喝得更多。全连官兵已经连续三天没吃过一点东西，一会儿工夫就将一大锅鱼汤喝得一干二净。

喝完鱼汤，大家顿时感到浑身有力，"鱼汤宴"给官兵起了很大的鼓舞作用。三天后，历尽千辛万苦的全连就走出了草地，并以顽强的毅力走到甘肃会宁，与主力部队会师。

山城堡战役前的生死考验

忆起长征，莫老一直强调："我文化层次低，一直在基层工作，没有惊天动地的事情可讲，但我说的都是实实在在的历史。"

在长征路上与战斗过程中，一直做医疗卫生工作的莫异祥也几次与死神擦肩而过。在被称为"长征胜利最后一战"的山城堡战役之前，他仍在枪林弹雨之中经受考验。

长征开始后，受伤、牺牲更是随时伴随着红军战士。莫异祥回忆道："牺牲就是为革命流最后一次血，受轻伤则想方设法跟着部队走，伤势太重就寄住老乡家。当时，不管你干什么工作，都随时可能为革命献出自己的生命。"

1934 年 2 月，一直梦想着扛起枪上前线的莫异祥跟着在总医院养好伤的战士，来到仪陇与巴中交界的一个镇子。找到部队后，他暂时被安排到炊事班帮忙。那天中午，冲锋号响起，激烈的战斗开始了。投入战斗的战士们轮换着吃饭，莫异祥和炊事班的战友一起忙活。突然，一颗子弹飞来，打中了他的左小腿。直到几个月后，他的身体才恢复正常。

缺衣少食，更是寻常。莫老说："长征最初是'缺衣少吃'，到后来变成'缺衣没吃'。"行军中疲惫的滋味也不好受。莫老回忆说，"我们一面行军，一面打盹，有时候后面的战士发现前面的同志快走不动了，连忙推一把，说声'赶快跑！敌人就在后面追呢'。"

红军三大主力在甘肃会宁会师后不久，莫异祥所在部队到达打拉池（今甘肃省白银市境内）。他记得，当时红一方面军教他们煮小米饭。"因为都是南方人的红四方面军刚到陕北，不知道小米怎么吃。"

离开打拉池后，莫异祥他们走到甜水堡一带（今在甘肃省环县境内）。他还记得，那里是沙漠地区，有十几户人家。三十一军军长萧克指挥部队准备好好打一仗，回击穷追不舍的胡宗南部队。

莫异祥回忆："那一仗打得很激烈，我们伤亡很大。战斗从早晨开始一直持续到傍晚。红军战士没地方吃饭，没地方喝水。战斗结束后，把牺牲战友的尸体用被单一裹，就地掩埋，继续向前走。"之后，夜行军，路过一条小河，河水已结冰。莫异祥光着脚走路，脚被划出口子。河水很苦，有硝的成分，不能喝。没办法，红军只好在河边山上找点草烧火取暖，然后向前进发。走了一夜，红军进入一个小村子，四处找东西吃，当地百姓打麦场里有一些荞麦、燕麦、糜子，战士们随便搓一搓，烧熟后，带皮一起吞进肚子。

休息了一上午，当天下午集合号再次响起，军部命令准备回头找胡宗南的部队算账。莫老说："那时候红军真是英勇无畏，强悍得不得了！"但没找到敌人的踪影，只好向山城堡方向增援别的红军。

遗憾的是，莫异祥所在部队没能赶上山城堡战役。快到目的地时，传来了敌人被击溃的消息。莫异祥记得当时贺龙这样安慰萧克："你们很辛苦！休息！总有仗可打！"

果然，一个月后，震惊中外的西安事变爆发，有更大的仗（抗日战争）在等着萧克和他手下的战士们。

（本文选自《辽宁日报》）

老红军吴忠义的长征故事

口述/吴忠义　整理/张国帆　李维君

吴忠义

“年轻时，方圆数百公里的道路我都知道怎么走”

“我的老家在重庆黔江的一个小山村。我有一个哥哥、一个姐姐。在我五岁的时候，我的父母和哥哥姐姐因无钱治病相继身亡。我那时不懂事，并不知道发生了什么，只是哭喊着找爸爸和妈妈。还好，我命大，一个人活了下来。”老红军吴忠义身体健朗，精神矍铄，说起自己小时候的故事，他思路清晰，娓娓道来。

“为了照顾我，族里的人请了一对没有生育的夫妻来到我家。他们下地种田时，就把我用绳子拴在桌子脚上，四周放一些我伸手能拿到的水和食物。我的一个叔伯嫂子来看我时，心疼不已。族人经过商量，后来把我接到了咸丰甲马池新场村——我家族的爷爷吴世品家。爷爷是当地有名的富商。在他家里，我读了三年私塾，每天跟着家里的一些孩子出门玩耍。爷爷对我特别好，出门打猎和到四川、湖南、重庆等地做生意，都喜欢带着我。那时，方圆数百公里的地方，我都知道怎么走。

“1931年7月的一天，我们家里来了五个商人模样的人。他们打听到我对方圆数百公里的路很熟悉，于是跟爷爷商量，让我为他们带路，并表示会毫发无损地把我送回来。我爷爷答应了。

“一路上，他们像家人一样照顾我，让我很受感动。一天，我们走到了四川省的一座小县城里。在一家酒店的二楼上，他们忽然从随身携带的行李箱中，拿出几支枪擦拭和拆卸，其中还有两挺机枪。见我凑过来看热闹，他们问我会不会使用枪。我跟爷爷上山打过无数回野兽。我告诉他们我会使用，于是现场把他们拆卸过的枪迅速装好，他们十分惊奇。

“他们告诉我，他们是贺龙将军的部下，主要从事侦察工作，并问我愿不愿意参加红军。贺龙将军是个大英雄，他一把菜刀杀土豪的事，在我们那地方家喻户晓。我当即答应了。他们给我发了一支枪，并强调了一些纪律。从此，我就成了一名真正的红军战士。那时我刚刚二十岁。”

“我们是最后一支过草地的部队，沿途看到许多牺牲的战友，从来不惧怕生死的我，心酸得掉下了泪”

“我们的主要工作是，在战斗前夕对地形、路径和敌人的兵力做一些侦察，然后将情况绘成地图，反馈给部队首长，便于他们决策。

“在湖南、湖北、四川一带，我们一般会提前十天在部队要经过的地方进行前期侦察。我们分成三人或五人一组，装扮成商人，不分白天黑夜地赶路，在山洞过夜是常有的事。每到一地，我们都会找到一个最熟悉情况的当地人做向导，打入敌人内部。苦是苦了点，但正是我们这些及时准确的情报，让部队打了无数胜仗。

“在湖南省的龙家界，敌人派出七个师的兵力对我们进行围追堵截。虽然枪炮声不断，但部队毫不慌张，镇定地撤离。我们几个侦察兵带着部队抄近道，一路疾行。突然，我的肚子上一热，用手一摸，血乎乎的一片，原来肚子上穿了一个窟窿，肠子流了出来。我赶紧用手把肠子塞了进去。战士们则赶紧把我抬上担架进行救治。在我们的带领下，部队终于顺利摆脱敌人的包围。

“在湖南一个小地名叫桃子溪的地方，国民党的一个炮兵师驻守在此。根据我们前期的侦察，前往该地共有三条路。我们抄近道将其包围住，然后用话筒喊话，令其军心动摇，在对峙两个小时后，他们全部缴械投降了。

“湖南桃源县城驻扎着一个国民党的步兵师。我军连夜疾行一百多里，悄无声息地将敌人包围了。第二天清晨，在敌人做体操时，我们突然袭击，没费一枪一弹，就把他们解决了。随后，我们宣布了党的政策：愿意跟着我们的，可以继续当

红军；不愿意跟着我们的，可以领路费后回家。这让这些国民党士兵感激不已，诚心跟着我们打敌人。

“根据我们的前期侦察，1935年6月12日至14日，我们红二、六军团在贺龙、任弼时、关向应、萧克、王震的指挥下，在咸丰县忠堡打了一场伏击战，消灭了国民党四十一师，活捉了敌军师长张振汉；同年8月3日又在宣恩县板栗园歼灭了国民党八十五师，击毙敌军师长谢彬，彻底挫败了国民党对我军的‘围剿’。让我军的士气高涨。

“1935年，蒋介石下令调集重兵对我军实行‘大围剿’，企图消灭我军。为了保存实力，党中央命令我军实行战略转移。1935年11月，我们所在的部队从湖南桑植县的刘家坪出发，开始了举世闻名的二万五千里长征。

“长征路上，为了从当地的土匪手中夺取牛、羊等食物，也会发生一些零星的战斗。在一次战斗中，一个受伤的敌人向我开了一枪。我愤怒不已，一连向那人开了两枪，打得他脑浆迸裂，我也跟着倒下昏死过去。后来战友救醒了我。

“我们是最后一支过草地的部队，沿途看到许多牺牲的战友，从来没有惧怕过生死的我，心酸得掉下了眼泪。长征路上，除了恶劣的自然环境，更让人难熬的是饥饿。在树皮、皮带、草根等许多勉强能吃的东西都被吃完之后，我看到许多在战场上骁勇善战的同志都被可怕的饥饿夺走了生命。因为我在老家时曾经跟着老中医学过半年医术，所以长征时，我负责担任卫生员。对于许多能吃的野菜，我都能辨认，并知道它们的生长习性，所以很容易就找到那些味道鲜美的野菜。或许正是我的这点医道，让我顺利地走完了异常艰辛的长征路。跟我在一个连队的战友，也因此可以吃到我采回来的野菜，免受了饥饿之苦，也没有被饿死的情况发生。”

“艰苦奋斗不能忘，就想跟年轻人讲讲长征”

“在战斗中，我因多次受伤，后来在抗大学习了两年。1952年，我从部队转业回到了咸丰县，在畜牧部门工作。后来在药材厂、民政局等部门和企业工作过，我还组建了咸丰县最早的孤儿院和福利院。我是在战争年代吃过苦的人，对于每一份工作，我都格外珍惜，也总是竭尽全力做得更好。

“1985年，我离休后，开始就住在县城的郊区。闲着闷得慌，就利用自己所学的手艺，义务给人理发，为那些家境困难的病人上山找草药治病。一次下乡走亲戚时，一个十六岁的孩子突发急病，眼睛翻白，口吐白沫。危急之中，我试着用一个土方子给他治疗，不久竟奇迹般地好了，孩子一家人对我感激不尽。人老了，还能为当地人做一点事，我高兴不已。

“退休之后，除了能为当地居民做一些力所能及的事外，其他时间就是锻炼身体。虽然我已经九十五岁了，除了行动不太方便外，我还真没有什么大病。现在，我每天坚持按摩手心一百下，医学证明，这可以安神呢。我坚持左右摇头一百下，分别甩手和脚一百下。我还可以做俯卧撑和仰卧起坐呢。”

“以前，好多地方都争着请我去做国防教育报告，他们一听我讲那些战火纷飞的故事，一个个都听得入了迷。其实，现在闲在家里，心里就发慌。如果身体好点，眼睛和腿脚方便一点的话，我就很想跟现在的年轻人多讲讲那些战斗故事，让他们永远也不要忘了那个血与火的年代，珍惜革命前辈们用生命和鲜血换来的幸福生活，永远不要忘了艰苦奋斗的精神！”吴老语重心长地说。

（本文发表于2006年10月7日，选自《恩施晚报》，有删节）

老红军张毅：跟李先念政委过草地

文 / 崔晓明　周德峰

张　毅

张毅，湖北麻城人，1917年12月出生，1931年1月参加红军。中华人民共和国成立后，任空军某航校校长、某军副军长。现为兰空西安沣镐路干休所正军职离休干部。

突发高烧仍坚持指挥部队

张毅出生在湖北麻城顺河镇一个贫苦农民家庭。1931年，刚满十四岁的张毅怀着一腔热忱，参加了红军。1935年3月28日，红四方面军发起强攻嘉陵江战役，踏上了长征之路。时任红三十军政委的李先念，率领该军第八十八师和九军二十五师两个团、二十七师一个团，开往小金川地区迎接党中央。由于张毅参军前念过三年私塾，作战勇敢，办事利索，被李先念调到身边当警卫员，主要负责李先念政委的保卫、通信工作。

李先念政委接受迎接党中央的任务后，决定兵分两路，一部从汉川向西南的卧龙方向前进，阻击巴郎山方向的敌人；一部分别从理县、汉川出发，直取懋功。当部队翻越红桥山后，李政委突发高烧，但他仍然坚持指挥部队。张毅看着李政委面色蜡黄，浑身无力，便找来担架，要李政委躺下休息。但李政委全然不顾，跑前跑后指挥部队，急得张毅只好紧跟着首长，寸步不离。6月8日，红九军第二十五师占领了懋功，歼敌军两个营及民团一部。12日，红一方面军和红四方面军在懋功胜利会师。

张毅清楚地记得，当两支红军主力部队见面后，官兵们激动得互相拥抱，把帽子扔向空中，喊着：“欢迎党中央！”“欢迎毛主席！”

不准舍弃一个伤病员

第一次过草地是8月下旬，李政委在进入草地前，再三告诫官兵，尽可能带足干粮，并再三叮嘱：不准舍弃一个伤病员。一天晚上，突然下起大雪，战士们冻得发抖。李政委将自己的棉花绒毯子从马背上取下来，交给后勤部门改制成几件棉坎肩，分给伤病员，张毅也分到了一件。那晚李政委同张毅背靠背相互取暖，就这样坐着度过了一夜。草地的路泥泞难行，部队所带干粮、药品越来越少，不少战士冻死、饿死在草地上。一天，李政委发现路边躺着一名气息尚存的同志，连忙喂他水喝，同张毅一起将他扶上自己的马背，悉心照料，直到走出草地。

当时，谁也没想到张国焘闹分裂。张国焘是李先念的直接领导，张国焘要南下，李先念坚持北上。为了顾全大局，李先念还是忍辱负重带领部队掉头重过草地。此时已是9月下旬，张毅亲眼看到沿途倒下不少战士，心里非常难过。由于匆忙两过草地，后勤补给严重不足。草地里的野菜、树皮以至树根、草根都被前面的部队挖光了。战士们吃完了自己的皮带，就去寻找马粪中未被消化的植物来充饥。很多植物不易消化，还有一些有毒，不少战士吃后得了痢疾，又没有药物及时治疗，很多患病战友永远倒在了草地上。红军右路军第二次穿越草地伤亡极大，仅三十军就由八个团缩减成六个团。

右路军穿过草地到达毛儿盖，稍事休整后，接着翻越两座雪山，来到党坝、松岗地区，与左路军会合。百丈关决战结束后不久，红四方面军决定北上陕甘。此后，李先念率部第三次踏上了穿越草地的征程。这次过草地的准备工作比较充分，加上藏族群众大力支持，官兵每人带有十五斤干粮和部分牛肉干、羊肉干，各直属机关和连队都配备了帐篷，还带有大量驮运物资的骡马、牦牛以及所需物资。经过一个多月的行军，终于走出了草地。红四方面军历时十九个月，翻过数座雪山，三过草地，一度南下，两次北进，所经大小战斗数百次，最终与红一、红二方面军胜利会师。

（本文选自《解放军报》）

高寿芝：捡起石头打敌人飞机

口述 / 高寿芝　整理 / 白瑞雪

高寿芝不到六岁就失去了父亲，从此过上了“日吃千家饭，夜住古庙亭”的流浪生活。

“红军青面獠牙、巨齿红发，先吃大人，后吃娃娃。”红军来到巴中时，高寿芝已经是二十四岁的小伙了，但是经常听到这些流言。直到红军宣传员坐在面前摆龙门阵，喊他“小兄弟”，告诉他“红军是救穷人的”，高寿芝这才定下神来，并且发现自己“找到了一条活路”。

新兵高寿芝先是为红三十军政委李先念当勤务兵，后来又被分配到连队。他印象中的李先念“很瘦，一个望远镜整天挂在胸前”。高寿芝还清楚地记得自己参加的第一次战斗——那是 1933 年 7 月在狮子坪，红军同地主武装“狠狠干了一仗”，在第二梯队的他从头到尾却只打了一颗子弹。“我平时打得好，上战场就迷糊了！”高寿芝说。

1935 年 3 月，高寿芝骑在一匹老骡子身上渡过嘉陵江，开始了长征。

最苦的是过雪山和草地。

“夹金山夹金山，离天三尺三。人过要脱帽，马过要下鞍。”高寿芝唱道。第二次翻越夹金山，又渴又饿的他捧起一口雪往嘴里塞，却觉得有臭味。仔细一看，雪里夹杂着死人的血，“黑乎乎的，一点也不像血，像泥土渣。”高寿芝说。

三过草地，他一路上都在掩埋死去的战友，“比打仗还累”。白天在水里走，晚上在水里睡，他最大的愿望是用干净的水舒舒服服洗个澡，这在泥潭连片、暗流纵横的草地里，却是个遥不可及的奢望。“你们身上的‘美味’挺多，”李先念笑着为“红小鬼”们总结道，“汗臭、霉臭、酸臭、馊臭，四臭皆全！”

高寿芝从战友那里听说了一个关于朱德的小故事。草地行军，几个战士掉了队，他们在拉着马尾巴追赶大部队的路上遇到了朱总司令。“马也没吃饱，你们不要拉它了，慢慢走，我在前头给你们烧水。”朱德说。几个战士半信半疑地向前走了一程，果然看到朱总司令坐在路边等待，为他们准备好了不多但足以救命的青稞面和一锅热腾腾的汤。“你说说，人家是总司令，还给我们战士烧水！”高寿芝感慨道。

比起行军打仗，长征给他留下更深的印象是一路上学了文化，长了见识。

汶川一带山高路险，红军在山路上行军，国民党前来阻截的飞机似乎就从脚下掠过。“前方快电，我军占领灌县！”队伍中迅速传播的“快电”让高寿芝激动不已，想要“乘胜追击”，便从地上捡起几块碎石，对准了敌人飞机扔过去。“明明看见打中了，飞机咋一点也不偏？”高寿芝想不明白。连长告诉他：“看着近，其实还远着呢。再说了，飞机是铁做的，石头哪里砸得烂！”

“大小便要离开人行道一百五十米”，这是高寿芝在草地里养成的卫生习惯。翻雪山时，在前头喊“跟上就是顶呱呱，落后要学乌龟爬”的连长不忘向战士们一遍遍提问：“中国有多少大山？日本鬼子从哪里来？”“中国有东岳泰山、西岳华山……日本鬼子从东北来！”高寿芝响亮地回答。

“西路军啊西路军，渡过了黄河——”高寿芝的歌声戛然而止。

河西走廊征战惨败，狂风大雪里，西路军余部踏上了西出祁连山的征程。一个月后，当他们到达新疆和甘肃交界的星星峡时，这支求生的队伍仅剩下四百多人。

“我们的主要任务是学习，”高寿芝回忆说，“上面说了，要大家像救火一样向苏联学习。”西路军战士组成了一个学员总队，对外称“新兵营”。沙漠战、丛林战，这些从未听说过的新鲜玩意，让学习步兵战术的高寿芝乐在其中。

除了专业技术，新兵营还补习文化。“站住，把枪放下，缴枪不杀！”那时学的对敌人喊的常用日语，他现在还能字正腔圆地讲上几句。

后来，高寿芝走上了华中、华东敌后抗日战场，又在解放战争中参加了淮海战役、渡江作战等战斗。“淮海战役，一个人推两发炮弹，老人、妇女都一起上，兜里揣个馍馍，饿了，两口凉水就着馍馍下肚……”高寿芝抬头望着某个遥远的地方，久久地沉浸在回忆中。

（本文选自新华网）

李天忠：含泪回忆长征路上一死两伤三位领导人

口述/李天忠　整理/孙彦新

远离中央孤军长征的红二十五军，其三位主要领导人程子华、吴焕先、徐海东，在长征路上一死两伤。

李天忠一回忆起那段岁月便双眼含泪。

红二十五军是四支长征队伍中人数最少的，1934年11月16日从河南罗山何家冲出发时全军只有两千九百余人。然而，在艰苦长征路上他们越打越强，吸引了大量国民党军的围追堵截，有力策应了中央红军的行动，1935年9月到达陕北时部队增加到三千四百余人。

“出发前，全体人员面对面站成两排，一排把包袱打开，另一排进行检查。凡是打土豪所得的贵重物品全部没收，分给老百姓。但鞋子是不收的，不论有多少双，因为部队毕竟要常常走路！”李天忠回忆说，“我们越过平（北平）汉（武汉）铁路后，很快进入桐柏山区。由于敌人的围追堵截，我们常常前进几百里又绕回原地，有时整整走了一夜不停脚，第二天又回到出发地点。”

当时，李天忠是红二十五军军部警卫排战士，先后给三位军领导当过勤务兵和传令兵。

“军长程子华当时二十九岁，军政委吴焕先二十七岁，副军长徐海东年岁稍大，也不过三十四岁。各团、营、连的领导，也都是些二十岁上下的毛头小伙子。首长和战士一样，有福同享，有苦同受。”李天忠回忆道。

1935年8月21日，政委吴焕先在甘肃泾川四坡村的战斗中牺牲，这成为李天忠记忆中最黑暗的一天。

“我喂养的一头大黑骡子非常厉害：可以驮两大袋粮食，再骑上一个人。在陕南大山一段右边是峭壁，左边是深渊的山路，很多牲口滚下山去，徐海东副军长的枣红色小川马也掉下去了。我的大黑骡却轻快灵活地走了过去。”李天忠清晰地记得，吴焕先牺牲的前一天，大黑骡被敌人打死了，“吴政委很痛心对徐副军长说：‘我感觉很不好，好像要出事。’徐副军长说：‘你是共产党员还迷信？’吴政委没说什么。”

“吴政委是全军上下都爱戴的一个人，他经常拿着大刀冲在最前面，没有人不佩服他。”李天忠老人回忆说，21日，部队过河时洪水突涨，军部机关直属队和后卫部队被阻，虽然最后打退了敌人进攻，政委吴焕先却不幸中弹牺牲。

“卫生院长钱信忠赶紧跑过来，命令用白布将吴政委包裹起来，放在马上，钱院长会游泳，由他拉着马游过去。吴政委牺牲的消息传开，全军上下全哭了。过河后，我们用棺材装殓了吴政委遗体并埋葬在大河滩上，继续向陕北进发。”忆及此处，李天忠沉默许久。

吴焕先牺牲时，军长程子华在长征中双手贯通伤（双手拿望远镜观察敌情时被飞来子弹贯穿）尚未痊愈。不久，徐海东在一次战斗中从马上摔下也负伤了。他躺在担架上指挥战斗，一直到陕北。

那时，李天忠又担任了徐海东的警卫与勤务。“我们和徐副军长同吃一锅饭，同睡一个炕。小鬼们晚上甚至枕在首长大腿上睡觉。”

虽然没有电台，但红二十五军一直想方设法获得中央红军的消息。“每天我们都派人搜集报纸，访问客商，极力探询中央红军动向。后来，敌军日益逼近，伤病员难以安置，省委和军领导决定立即北上与陕甘红军会师。”李天忠回忆，沿陕甘边界行军时，部队的粮食吃完了，有的同志走着走着就昏倒在地。干部便把自己的马杀掉，给大伙儿充饥。

1935年9月15日，红二十五军到达陕西延川永坪镇，成为第一支到达陕北的长征队伍，为中央红军落脚陕北做出重要贡献。后来，徐海东还被毛泽东评价为“对中国革命有大功的人”。

从1932年红二十五军组建，到长征结束的几年中，历任军长、政委、省委书记的九人中，有两人早逝、三人壮烈牺牲、三人负过重伤。

（本文选自新华网）

罗圩政：带伤也要赶上大部队

口述/罗圩政　整理/刘银艳　赵文华

罗圩政，1911年11月出生，四川阆中市并七乡人，副军职离休干部。1933年8月参加中国工农红军，1934年6月加入中国共产党。参加了川陕革命根据地反六路围攻和红四方面军长征。先后任战士、班长、排长、连长，延安总部警卫团警卫，航校排长，抗日军政大学总校科员，副厂长，东北军政大学军需科长，中南军政大学湖南分校供给部长，解放军政治学校校务部副部长、部长。1955年荣获三级八一勋章、三级独立自由勋章、三级解放勋章。1988年获二级红星功勋荣誉章。

长征，是罗圩政提及最多的经历，即便是讲到在延安为八路军筹款筹粮的经历，他都会不由自主地回忆起爬雪山的艰辛。

长征故事多：二过茫茫草地，两年零二个月没仕过　天房了

“长征艰苦啊，我们前后走了三遍草地，两年零三个月没住过一天房子。”三过草地、翻大雪山、攻打成都，是罗老提及最多的经历，“第三次过夹金山时要翻十八座终年积雪的山头，当时很多红军战士没有牺牲在战场上，却在夹金山上被冻死了。”

1933年8月，罗圩政满腔热血地离开家乡，走上了革命的道路。由于历史原因，1936年，罗圩政当时所在的红四方面军第三次过草地北上与中央红军会合。“前一次过草地时，沿路的野菜吃得差不多了，这一次过草地更加困难。”罗老还说，过草地时，干粮吃完就要吃野菜、草根，最后就吃自己的皮带，有的来不及等皮带煮熟，在火上烤一烤就吃。为了抵抗寒冷，大家就用树枝烧火、用树叶铺床。

身经百战的罗圩政身上伤痕累累，至今还有未曾取出的弹片。“有一次我的脚负伤了，差点掉队了，幸好凭着一张党员证，赶上了部队。”

那是在1936年再次北上的路上，在夹金山附近一个叫天时湖的地方，罗老所在的部队遭遇了国民党的袭击。当时已是连长的罗圩政在指挥战斗时，被子弹打中了右脚。由于缺医少药，罗圩政伤口感染，发起了高烧。而当时部队正要加快行军速度，上级安排他到夹金山脚下的一个大溶洞里养伤。这个溶洞很大，有很多受伤的红军战士在那儿养伤。但罗圩政听说养伤的红军战士可能会跟不上队伍，只能在当地打游击。“我不想离开部队，养了三天伤后，脚刚刚可以活动了，我就开始沿着部队前进的路线追赶。”罗圩政说。

“当时我身上带着一个党员证，就是凭着这个党员证，一路与沿途留下来的秘密联络员接头。”就这样，行动不便的罗圩政向着北边抄小路赶，从秘密联络员那里得知部队的行踪和消息，偶尔还会得到一点点粮食。在他们的帮助下，经过二十多天的追赶，罗圩政又赶上了大部队。

1936 年 10 月，红四方面军与中央红军在会宁地区胜利会师，罗老的漫漫长征路才终于画上句号。

一百三十余场故事会，老红军新“长征”路上的精彩

在罗老家的一本画册上，有一张燕山小学的孩子们围着罗老，正在津津有味地听他讲故事的照片，时间是 2010 年。

“也就是这几年，他不能走远路了，燕山小学的师生来到干休所，找到他，请他讲长征的故事，他就在花园里给大家讲课。过去他可积极了，哪个单位请他，他都去，不管多远。这是他离休以后最重要的事情。”说起老伴，朱毓英发现他跟别的老人不一样，当别人寄情山水或琴棋书画时，他却还给自己找点“罪”受。

“我出身贫苦家庭，跟着红军走上了革命道路，一辈子都要关心国家，我身体还好，希望能继续为党为国家作点贡献。”1982 年，罗圩政离休了，他感到随着年月的推移，红色革命史正逐渐被人们忽视，而有的革命传统也开始变得不被人理解，他觉得有必要“现身说法”。

他把自己的成长经历、三过草地的艰辛、参加过的重要战役编成精彩的故事，经常义务到部队、学校、矿山、工厂，给战士、学生、工人讲长征故事，讲革命传统。作为湖南省军区关心下一代协会顾问，又是五里牌干休所关心下一代协会的骨干会员，每年寒暑假，他都会参加少年儿童的冬令营、夏令营活动。

“出去讲课时，他身上会带个小本子，上面写着故事的提纲。”朱毓英老人说。在二十世纪九十年代初期，交通不是很便利。有一次，邀请单位离五里牌干休所路程比较远，罗老吃完中饭后，就戴上遮阳帽，顶着烈日，骑了一个多小时的自行车准时赶到学校。到了那里后，顾不上喘口气，又立即给小朋友们讲课。

“后来条件改善了，单位给他安排了专车，他也很少使用，他说共产党的干部不能搞特殊。”五里牌干休所的工作人员说，罗老讲故事有“三不”，即不要邀请单位派车接送、不在邀请单位吃饭、不收邀请单位的辛苦费。他坚持着这个原则，在九十五岁以前，前往各邀请单位讲了一百三十余堂革命传统课。

（本文选自《湖南日报》，有删节）

彭永清：光脑袋上就中了三枪

口述 / 彭永清　整理 / 黎　云

彭永清全身挨过七枪，眼睛、耳朵、口腔、胳膊、腿都中过弹，用“大难不死”这个词来形容他最贴切不过了。

“脑袋才多大，我就挨了三枪。”彭永清边说边摇脑袋，他的眼睛已经基本看不见了。

1933 年夏天，彭永清在村口放牛，一队红军正好在路边休息吃饭。彭永清回忆说：“一个红军战士给了我一碗饭，让我第一次知道吃饱是什么感觉。”

吃饱饭的彭永清连家都没回就跟着红军走了。一起走的还有水娃子、毛二娃等几个年轻人。

彭永清当时的小名叫“彭娃子”，连长说革命军人都要有个名字，于是给他取了现在这个大名。

“水娃子和毛二娃还没出川陕根据地就牺牲了。”彭永清又边说边摇脑袋。

当时正值四川军阀六路围攻川陕根据地，红四方面军左冲右杀，打得顽强而艰难。每次行动前，连长都要告诉大家如果被打散了就在哪里重新集合。有一次连队正在吃饭，敌人突然围上来，大家只好各显神通，有的从门走，有的从窗户爬，等敌人走了又回来集合。

彭永清说：“只要人还活着就好办，要是赌气和敌人硬拼，就没今天了。”

1934 年，彭永清所在的红四方面军九军和四川军阀的部队遭遇了，战斗随即打响。一个敌人在三十米开外的地方，瞄准了他。

“我也马上举枪瞄准他，但敌人先开了枪。”彭永清回忆说。

子弹擦着彭永清的右眼过去，在脸上拉开一道口子，又把右耳朵撕掉一块。彭永清疼得倒在了地上。

脸上的伤刚好，红九军又和当地民团交上了火。一个民团团丁从墙角冲过来，冲着彭永清的脑袋就是一枪，一颗铁砂打进了他的左眼。

脸上还有一枪要算在日军的头上。那一次，日军的子弹打进了彭永清的嘴里，满嘴的牙全掉了。

红四方面军翻越的雪山叫党岭山，平均海拔有三千八百多米。彭永清回忆说：“上山二十分钟就呼吸困难，眼睛被雪刺得红肿疼痛。”

“我们连几个身体很好的战友都死在雪山上了。”彭永清回忆道，“大家把尸体埋到雪坑里，再把死者的帽子扣在雪堆上，就算是个墓碑了。”

过草地时，彭永清又受了一次重伤。在黑水芦花附近一个叫大寨子的地方，红军和当地的地方武装打了起来，时任三十一军战士的彭永清刚跃出阵地，就踩到了敌方扔过来的土炸弹。

“两只脚全被炸烂了，能看见骨头。”彭永清说。

由于没有药，彭永清的伤口严重化脓，疼得他连马都骑不动，到后来马也丢了，掉了队。

“我一个人躺在茫茫草地里，彻底绝望了。”彭永清回忆说，没想到天快黑的时候，红一方面军的一支医务小分队过来了。军医们每天用盐水给他洗伤口、上草药，又带着他走了好几天。

“那时候张国焘分裂之意已经公开化了。看到我伤好了一些，军医们就让我自己找部队去了。”彭永清说。

（本文选自新华网，有删节）

伍衡阳：走完草地全班只剩四个人

口述 / 伍衡阳　整理 / 朱鸿亮　陈学斌　明　星

七十一年前，红六军团来到伍衡阳的家乡——湖南石门九间铺村。

“以前国民党的军队一进村，就抓鸡赶猪的。红军不一样，他们不随便进老百姓家门，也不拿东西。”伍衡阳回忆说。

和村里很多乡亲一样，未满十七岁的伍衡阳觉得“这是咱百姓的部队”，就参加了红军。后来他被编入了“六军团十六师四十六团一营二连”。1935 年 11 月 19 日，伍衡阳随部队开始长征。“那时武器紧缺，不是每个人都有枪的，我就没有。”

在溆浦，他们与敌人正规军遭遇。“虽然没枪，还是跟着大伙一起冲锋，并不觉得害怕。”伍衡阳说，“战斗结束后，我在阵地上捡到一杆枪和一些子弹。”

“那是我第一次拿起枪啊！”伍衡阳说，他当时正高兴，连长就把他叫了过去，“连长说：‘你年纪小，下次缴获了再分给你。’”

1936 年 5 月，部队翻越哈巴雪山。走在前面的人用铁铲在冰雪上挖孔，后面的人踩着前面挖的孔往上爬。“仰面看，头顶上有人；低头看，脚底下也有人。”伍衡阳说。

雪山陡峭险峻，行走时呼吸困难，一不小心就会跌入深渊。“我们班有十二个人，我是副班长。过第一座雪山时，有一个人没能下山，其他十一人到了甘孜。”

走过雪山，部队又到了阿坝，前方是望不到头的草地。“那时粮食紧缺，上面下命令，以班为单位，带上银圆出去找。”伍衡阳说，“头一天，什么也没找到。”

“第二天中午，我到一个房子里，发现角落有一堆青稞麦。”伍衡阳抓了一把，捻了捻，里面居然有麦粒。

“我高兴坏了，抓起来又打又捶。到天黑时，我们弄到了二十多斤麦子，背回去大伙一起放锅里炒。我们是连队里最先弄到粮食的。”伍衡阳自豪地说。

但粮食很快就吃得差不多了。“大家就开始吃自己的皮带。坐在火边，一边烤一边吃。有皮带的是少数，很快也吃完了。”

最后剩下一把青稞，大家都不肯吃，推来推去，结果把青稞碰掉到地上。“我们都很难过，一粒粒捡起来吃掉了。”

饿着肚子行军，伍衡阳掉队了。有一次，当时的师长张振坤骑着马，亲自带着收容队，收容掉队人员。

“师长一眼认出了我：‘小伙子，你今天怎么掉队了？平时你不是挺精神的吗？’我告诉师长‘粮食吃完了，我实在走不动了’。”

师长听了后，很久没说话。随后，他让伍衡阳把机枪放在他的马背上，骑着马走。伍衡阳没有答应。

“师长刚走，师政委就来了。他一见我那副没精打采的模样，立刻就发火了：‘你怎么搞的！’”伍衡阳回忆道。

“我支支吾吾地说：‘实在走不动了，我……’政委听后，二话没说，照着我的背上就是一棍子。”

挨了棍子的伍衡阳满心委屈。怕政委再来一棍子，他低着头、抹着眼泪继续往前走。不知不觉间，竟到了目的地。“回想起来，我真得感谢政委那一棍子。”伍衡阳说。

“我们班长负伤了，又没药吃，后来就掉队了。过阿坝草地时，我们班牺牲了四个人。”伍衡阳说，“之后又牺牲了两个，走出草地以后，我们班就只剩下四个人了。”

长征后，伍衡阳又参加了抗日战争和解放战争。后来，他曾担任东北公安部队干部部副部长、山东省济宁军分区政治委员等职。

（本文发表于2006年9月5日，选自新华网，有删节）

陈浩：长征中不怕被打死，最怕被打伤

口述 / 陈　浩　整理 / 梅世雄　徐壮志

时年九十二岁的老红军——陈浩的记忆已基本模糊，但提起七十多年前的长征，老人仍能激动地讲上一段。

1934 年 8 月 7 日，红六军团在任弼时、萧克、王震的率领下，从湘赣苏区的江西遂川出发西征。

“我们当时只知道到湘西找贺龙！”二十岁的红军学校四分校学员陈浩就在九千多人的大军里，不时与湖南军阀何键的部队激战。

七十九天后，红六军团战胜了黔、桂、湘敌军的围追堵截，在黔东印江县的木黄镇与贺龙、关向应、夏曦等领导的红军胜利会师。

这次西征，红六军团虽没有达到策应中央苏区粉碎敌人第五次“围剿”的预期目的，但为中央红军主力长征起了侦察、探路的先遣队作用。“中央红军长征初期的线路，几乎与我们走的路完全相同。”陈浩说。

“红二军团的部队厉害，一人一支枪、一双草鞋，没有什么行李，走得飞快。”陈浩回忆说，“我们从江西出发时，带的行李多，所以走不快。最初，红六军团有时一天要被红二军团落下六十多里。”

1935 年 11 月 19 日，已是红二军团四师十团副政委的陈浩随部队从湘西出发开始长征。

“敌人的飞机飞得好低，连飞行员都能看见。”陈浩回忆，军团部过沅、澧二水时，遭到敌人飞机的狂轰滥炸。

在云南瓦屋塘阻击战中，到前沿阵地观察敌情的陈浩被机枪打中右腿。警卫员要报告上级首长，他大声吼道：“不能讲，讲了我枪毙你！”

“伤势好重，我怕领导知道了，把我留在当地百姓家。”陈浩回忆说，“长征中，

红军最怕的不是战死，而是负伤。”

“特别是腿伤，肯定要被留在当地老百姓家里。”陈浩说，留下的人能活下来的希望十分渺茫。

拖着伤腿，陈浩继续指挥战斗。在被强行抬下阵地时，他被贺龙看见了。

“秋苟（陈浩原名叫陈秋苟，延安抗大时改名为陈浩），伤得怎么样？”贺龙问。

“报告首长，没事，打了一下脚，没伤到骨头，还能走。”陈浩回忆，当时，他就怕贺龙说“不行就留下吧”。

“我那伤确实不算什么。”陈浩说，就在那一仗中，红二军团新编第五师师长贺炳炎的右臂受伤需马上截肢。当时找不到任何医疗器械，卫生部部长贺彪就用一把伐木用的锯子，把贺炳炎的右臂锯掉了。

“连止痛药都没有啊！”陈浩说，手术后，贺龙用手帕把贺炳炎的一颗颗细骨渣捡起来包好，心痛地说：“就是古代关公刮骨疗伤也不过如此呀！”

因没有得到及时治疗，陈浩的右腿留下了永远的残疾。而他就是用这条残腿走完了漫漫长征路的。

“到云南中甸，我们接到朱总司令的电报，说让我们准备皮衣。我很奇怪，这么热的天，为什么要准备这些东西？”陈浩回忆，正是这个电报，在雪山上救了很多人的命。

过草地前，警卫员为陈浩找来一匹马、一匹骡子，加上他本就有的一匹马，他一下子拥有了三头牲口。“我变成了‘富人’。”陈浩笑着说。

在饥饿的草地行军中，陈浩宰杀了一匹马，救了很多人的命。但是，仍有许多战友未能走出草地。

“过草地时，我们全师有一千五百多人，出来时不到七百人。”说起这一点，陈浩至今心有余悲。

草地行军使陈浩患了结肠炎，这个病此后一直伴随着他，曾几次使他面临死亡危险。

中华人民共和国成立后，陈浩历任武汉军区空军副政委、江西省军区副政委等职，1955 年被授予少将军衔。离休后，陈浩安逸地生活在南昌，虽然眼睛不好，但老人总喜欢提笔写上几个字，写得最多的，就是“长征”。

（本文发表于 2006 年 9 月 6 日，选自新华网）

难忘草地七十年

——一个“红小鬼”的长征故事

口述 / 李荣春　整理 / 周维祝

李荣春，1922 年 3 月出生，贵州赫章人。共产党员，离休老红军。1936 年 2 月跑四十里路到七星关找到红军，在红六军团当了一名卫生员，参加二万五千里长征到陕北。1937 年 1 月在流曲镇入党。红军改编为八路军后，在三五九旅当译电员、参训队班长等，转战晋西北、晋察冀和陕甘宁边区。

我是在中国工农红军第六军团长征路经贵州时参军的一个“红小鬼”，现已是八十四岁的耄耋老人，虽已过去七十年了，但当年红军爬雪山、过草地，艰苦转战的情景仍历历在目。特别是过草地的情况，至今记忆犹新。我们红六军团长征中走了两段草地，第一段是从西康色达到四川阿坝，走过了渺无人烟的干草地；第二段是从阿坝到甘肃哈达铺，走过了连鸟兽也难以见到的水草地。

1936 年 6 月，红二、六军团和红四方面军会合后，中央军委电令正式成立红二方面军。红二、四方面军分左、中、右三路从甘孜北进。我们红六军团当时在原西康的甘海子，于 1936 年 7 月初出发，经西康的色达绕道青海南部到四川阿坝。本来计划十天的路程，整整走了二十天。由于部队刚翻过了几座雪山，指战员们体力消耗严重，又缺少粮食，当我们第一次进入渺无人烟的茫茫草地时，虽然这里还只是干草地，但也面临不少难以克服的困难。行军中，在草地露营，经常遇到大风和雨雪袭击，气候恶劣，又没有粮食，指战员们有时连野菜也找不到，还有的战士因吃了毒蘑菇而死亡。军团首长心急如焚，把马杀了给战士们充饥仍是杯水车薪。部队天天在饥寒交迫的困境中行进，而且还要和突然来袭的敌人骑兵作战。不少同志在第一段草地行军中就献出了宝贵的生命。

经过二十天的艰难行军，到达四川阿坝，部队在此稍事休整补充，准备过大草地（水草地），这也是红军长征路上最艰苦的一段行程。在这里首先是补充粮食，我们军团想尽办法筹集到一批青稞，加工成炒面发给每个人，作为过草地的全部口粮。我们于 7 月 30 日开始进入水草地，第一天就遭到暴风雨和冰雹的袭击。这里的天气，变化莫测。本来万里无云，突然一片黑云会在头顶出现，于是大雨冰雹猛落下来。大家无处可躲，被打得浑身湿透，有人头上还被冰雹砸出了包。就这样，我们天天都在茫茫的水草地里艰难跋涉。行进中每个人都要小心翼翼地沿着前面部队踩出的路前进，稍不小心就会陷进泥沼，活活被草地吞没。

水草地行军，我们军团遇到的最大困难仍是缺粮。之前过干草地，指战员们饿着肚子走路，体力普遍下降，大家拖着虚弱的身体，继续通过环境非常恶劣的水草地，再加上缺粮，极度困难。当时我们的战斗口号是“走出草地就是胜利”。因此，我们军团只要一宿营，大家都不顾疲劳，“八仙过海，各显神通”去找吃的。有的挖野菜，有的捉鱼虾，有的拣死牛、死马的骨头砸开煮水喝。总之，“为吃奋斗”，为争取活着走出草地干革命。

我们红六军团在这茫茫的水草地中整整走了九天，每天不仅要为“吃”奋斗，而且还要为“宿”担忧。我们宿营时的所谓“帐篷”，都是指战员们用自己的床单支撑起来的，既不遮风，也难御寒，更挡不了大雨夹着冰雹的袭击。有时碰上整夜下雨，大家只能背靠背地蹲在水里等待天明，有些体弱有病的同志支持不住倒下了，当场死去。我当时是红十八师三营七连的卫生员。我们连的二排长是江西人，是党支部委员，原来身体很好，打仗勇敢，行军中他经常帮助体弱有病的战士背枪，有时把两三个战士的枪都背上，大家将其称为“背架枪”，全连同志都很喜欢他。一天晚上经雨淋后，第二天他怎么也站不起来了，咬紧牙关挣扎也无济于事。指导员和我要搀他走，他不要；战士们要背他走，他也不要。他说：“我不行了，你们难道想多牺牲几个人吗？能多活着一个人走出草地就多一份革命力量！”当天我们连是后卫，部队已经走了，指导员要照顾整个连队，就要我等一下二排长。我蹲在二排长身边，两人眼望着远去的部队，这时二排长用极其微弱的声音对我讲：“卫生员，你快走，等会儿你赶不上队伍了。”又指指身上还剩有一点炒面的干粮袋说，“炒面我用不着了，你拿上，你还小，一定要活着走出去……”看着二排长慢慢瘫倒在草地上，我泣不成声，连连呼叫“二排长！二排长……”，可他再也听不到我的声音了。我们可爱的二排长为了中国革命的胜利献出了宝贵的生命，长眠在茫茫的水草地上。

饥饿、寒冷压不倒红军的英雄气概，艰难、险阻挡不住红军前进的步伐。8月8日我们终于走出了水草地，到达四川省的包座。从这里往前又走了十几天的“蜀道之难，难于上青天”的山路，通过了“八里卡子”“腊子口”等天险，才到达了甘肃的哈达铺。

经过雪山、草地，经过几个月的艰苦转战，我们红六军团与其他军团一样，牺牲了很多优秀指战员。就拿我们连队来讲，原来有一百多人，到走出草地时仅剩下十七人。虽然人员减少了，但大家锻炼得更坚强了。“走出草地就是胜利”。指战员们情绪高涨、精神饱满地高唱着“大踏步，向前进，解放大西北……”勇往直前，奔赴抗日前线。

长征是中国工农红军用鲜血和生命谱写的感天动地、气壮山河的壮丽诗篇，过草地只是其中一节。无数先烈出生入死、前赴后继迎来了中国革命的胜利，美好的今天来之不易。我们要牢记历史，学习先烈们，学习当年红军指战员们不畏艰险、勇往直前、无私奉献的革命精神，继承、发扬他们的革命精神，努力把我们的国家建设得更加美好、更加繁荣富强。

（本文发表于2006年10月10日，选自《山西日报》）

披着袈裟当红军

文 / 张仕文

大 宝

天宝，藏族，原名桑吉悦希。1935 年参加红军，同年入党，是最早的藏族党员之一。“天宝”是毛泽东给他取的名字。

在四川省，天宝可是个响当当的人物，他的一生充满传奇色彩。他不仅当过喇嘛，当过红军，当过西藏自治区、四川省的党委书记，而且他的汉名还是毛主席亲自取的。

1917 年 2 月，天宝出生在四川马尔康党坝乡，原名叫桑吉悦希。这个乡是藏族聚居区，按照当地的风俗习惯，男孩都要被送进寺院当喇嘛，藏语叫“扎巴”。桑吉悦希有三兄弟，他是老大，很小的时候就进寺院当了喇嘛。

党坝乡位于阿坝地区东南部，交通十分不便，平时很少有外地人来。桑吉悦希所在的寺院很小，只有二十二个喇嘛，没有活佛。桑吉等小喇嘛跟着老喇嘛学藏文、经文。

如果不是红军的到来，桑吉也许会当一辈子喇嘛。1935 年，红四方面军撤出川陕苏区，转移到阿坝地区一带，等待同中央红军会师。

“方头圆脑”“灭族灭教”“共产共妻”……国民党散布的谣言，在藏族同胞中引起了极大的恐慌。他们对红军误会重重，纷纷逃到山上藏了起来。

“光脚的不怕穿鞋的”，桑吉胆子大，加上又是喇嘛，就想留下来看护寺院。老喇嘛心里没有底，让桑吉随大家躲上山去。

藏族同胞在树林的掩护下，偷偷观察红军，看他们到底有没有三头六臂。有比较才有区别，他们发现这支队伍和国民党兵截然不同：不进寺院，不住民房，对藏族同胞态度友好，尽管言语不通，也笑嘻嘻打着手势想同藏族同胞交流，还把土豪劣绅那收缴来的东西分给穷人。胆子大些的年轻人，蹑手蹑脚摸下山，慢慢试着接触红军。他们惊奇地发现，同国民党宣传的恰恰相反，红军是穷人的队伍，打土豪，分田地，处处为穷人着想。渐渐地，红军受到了藏族同胞的欢迎，有的送茶水，有的送鸡蛋，有的强烈要求参加红军。

看到朋友参加了红军，穿上军装很神气，十八岁的桑吉也心动了：他们能当红军，我为什么不能当红军呢？他来不及同父母商量，急迫地报了名。

在参军的藏族青年中，桑吉懂藏文，算是知识分子，因此被任命为副队长，专门为红军筹集粮食。刚参加红军不久，他就加入了中国共产党，成为中国共产党的第一批藏族党员。

1935 年 8 月，桑吉随左路军长征，这是红四方面军第一次过草地。不久，他被调到藏民独立师政治部任青年部部长。

丹居藏民独立师是红军于 1935 年冬天建立起来的，原为当地头人的武装。红四方面军总部和川陕省委决定继续保留和发展这支队伍，从红军中派了很多骨干充实进去，扩建成一个独立师。

独立师的同志多为藏族，身材彪悍，尤擅骑射，大多有百步穿杨之功。他们的任务是担负全军的警戒，警戒线东西长一百多公里，南北宽四五十公里。作为青年部长，桑吉忙得脚不沾地，要在这广阔的地区来回跑，师长、政委经常带着他下基层。

红军第三次过草地前，红四方面军总部要求每个战士准备十五斤粮食。草地不产粮食，人也少，几万大军来回过，粮食也吃得差不多了。桑吉带着队员到处筹粮，功夫不负有心人，经过他耐心细致的宣传，一些寺院把积存多年的青稞和茶叶都捐了出来。

长征结束后，中央党校成立了一个少数民族班，桑吉悦希被任命为班长。毛泽东、朱德、周恩来等中央领导同志经常到党校来讲课，基本保证每周有一位中央首长来作报告。

有一次，毛主席到党校讲课，学员被主席旁征博引、深入浅出的讲课吸引住了。刚一下课，学员自动列队欢送。看到少数民族学员围拢过来，毛主席把烟点上，抽了一口，然后亲切地说：“今天我讲的话，你们听懂没有？听懂多少？”学员

们拼命点着头，表示听懂了。

毛主席走到桑吉面前停了下来，校领导介绍说他是班长，毛主席幽默地说：“了不得嘛，当了‘领导’，还带‘长’哟！”桑吉有些不好意思，紧张得满脸绯红。见此情况毛主席拍了一下他的肩膀：“别紧张嘛，你叫什么名字？”得到回答后，毛主席又问：“桑吉悦希是什么意思？听说藏族的名字很有讲究。”桑吉有点害羞，挠着后脑勺说：“‘桑吉’的意思是佛祖，‘悦希’是宝贝的意思，是父母求活佛给取的。”

毛主席一听，乐了：“了不得，了不得！又是佛祖，又是宝贝的！”然后对着大家说道，“你们大家都是党和红军的宝贵财富，是上苍，也是你们的佛祖赐给我们红军队伍的宝贝。”

毛主席的兴致很高，想了想，又对桑吉说：“长征时我到过你的家乡，那里的藏族同胞对长征的胜利是有贡献的。汉族有句古话，叫物华天宝，和你那个‘桑吉’差不多。我给你取个名字，就叫天宝吧！”

“好！”毛主席的话音刚落，在场的学员一齐鼓掌，连声叫好。

“天宝”这个名字在中央党校和延安传开了，从此，这个幸运吉祥的名字就伴随了天宝一生。

（本文选自《解放军报》）

长征中的徐特立

文/轩　闻

五十八岁的徐特立

徐特立是著名的教育家，对文化教育事业非常重视。在艰苦的长征路上，当时已五十八岁的他仍一丝不苟地教红军战士们学文化。

在行军途中，徐老想出了许多办法教战士们识字。他在前面战士们的斗笠上写几个字，就成为后面战士们的活动识字板，日子长了，战士们认识的字也就多了。他让先头部队把路边宣传鼓动标语牌上的字写大些，以便于战士们在行军途中辨识。他还教战士们学拼音文字。有些年轻女战士调皮地说："这是外国字，我们不学！"他耐心地解释："这是我们创造的拼音文字，是我们自己的，应该学习。将来我们的条件改善了，外国的语言文字也要学习！"徐老鼓励女战士们不仅要做妇女革命的模范，而且要做文化的主人，这样才能在政治、经济、文化等方面，求得妇女的彻底解放。当部队停下来休息和宿营时，徐老要战士们以树枝作笔，以大地为纸，在地上写字。他风趣地说："那是取之不尽，用之不竭的呀！"朱德和康克清后来曾写诗称赞徐老："岁岁不忘歼敌事，朝朝只见诲人忙。"

当中央红军进入贵州后，党中央准备建立以遵义为中心的川黔边革命根据地，在遵义建立了遵义革命委员会，徐特立担任了文化教育委员会委员。他十分关心当地的文化教育情况和知识分子，主动拜访了遵义教育界的知名人士，并热心抢救当地文化遗产。

有一天，徐特立去拜访当地书法家王石珊。他刚刚跨进大门，就见堂屋里四壁通红，火光闪亮。徐老放眼望去，看见几个年轻的红军战士抱出几大捆书当柴火烧。徐老见了又痛心又生气，当即制止他们，并从火堆里抢出了几本书。有个红军战士不解地问徐老："保存这些老古董有什么用？""怎么没有用？"徐老举了个简单例子："我们红军从江西出发，过湘江、渡乌江、占遵义，我们原来哪知世上有这些地方？这些知识不都是书本告诉我们的吗？"年轻战士听后，知道做错了，赶快把书抱回去放在原处。

烧书一事，引起了徐特立的高度注意。他立即采取保护性措施，赶到遵义革命委员会打了许多封条，把各家的藏书封存起来，并准备集中起来统一保存。

作为教育家的徐特立，爱书如命，即使在艰苦的行军途中也是如此。有一次，为了保护随身带的书籍，他曾经流过眼泪。红军二渡赤水河后的一天黄昏，徐特立所在的总卫生部干部休养连来到一个小村庄宿营。兼任过干部休养连连长的何长工，站在村口一棵大树下，十分焦急地向山径小道眺望，等着掉队的徐老。不一会儿，徐老牵着马走过来，摘下军帽擦了一把汗，抬头看见何长工紧绷着脸，心里不由得有点紧张，就抢先招呼说："小老九，你们到了好久了吧？哎，我这小马调皮，不肯走！"

何长工受周恩来副主席的委托，经常关心、过问休养连的事。他生气地说："你又迟到半小时，给你马不骑，驮那么多书，这不行！"原来贵州山道难走，他特意给徐老换了一匹小马，身子虽矮，可是结实耐走。人骑在小马背上，任它在山道上蹒跚，也不会掉队。可徐老不骑马，而是把从瑞金带出的和沿途搜集的一百多本书驮在马背上。干部休养连当时也有几位老同志用马驮书，成了何长工最头痛的事。行军中，都是书骑牲口人步行，总是走不快。何长工觉得书是个大包袱，这次决心以徐老为"典型"，非扔掉这包书不可。

1938年9月，徐特立与毛泽东在延安合影

"我下次起早点儿，保证不再迟到了。"徐老自知理亏，先自我检讨。

“不行，我要从根本上解决——烧你的书！”

“什么？烧书？烧不得！烧了我跟你拼命！”徐老急了，跑过去护住马背上的书。

“烧是烧定了！今天烧了，将来打下大城市我再来赔你！”

“靠不住，小老九，你被打死了怎么办？我找谁要书去？你可以批评我，但不能烧书！”

见他俩争执着，与徐特立同在干部休养连的董必武、谢觉哉两位老同志也都围了过来。何长工从马背上抢下一摞书，挽起袖子，大声宣布：“同志们听着，我今天要烧徐老的书了，省得他掉队，你们的书也要烧。警卫员，拿火柴来！”徐老真急了，跳了起来，又嚷又叫。他嗜书如命，眼看真要烧他的书，徐老动了感情，几滴眼泪淌了出来。

董老、谢老见此僵局，拿出了折中的主意：“长工，这样吧，烧一半，留一半，给点厉害，也留点面子，怎么样？”何长工仍很坚决：“全烧！不烧掉书，徐老再掉队，我脖子痒哩！”他用手在脖子上做了个砍头的手势，把大家都逗乐了。

大家记得，周恩来跟何长工交代任务时，曾严肃而风趣地说过：“这批老人，是我们党的宝贵财富，你要对他们的安全绝对负责，如果他们在，你也在，那就皆大欢喜；他们在，你不在，我追记你为烈士；如果他们不在，你在，我就要砍你的头！”

董老、谢老再也不好张口了。徐老仍又嚷又求，抱住那些书籍不松手。突然，何长工“扑嗤”一乐，宣布：“一本都不烧！叫警卫连的每个战士给你背两本，比你一个人驮着保险。”

徐老长长地松了一口气，把书解开。何长工两本两本地把书分发给了警卫战士们保管。从此，徐老再也不迟到了。到陕北后，何长工把书集中起来，一本不少地交还给徐特立。

（本文选自《解放军报》）

枪林弹雨找电台

文 / 黎东汉

黎东汉

黎东汉，湖南浏阳人，1914 年生，1930 年 8 月参加红军。离休前任总参通信兵部副主任、顾问等职。1955 年被授予少将军衔。现为总参通信部北京第一干休所正兵团职离休干部。

1935 年秋，蒋介石调集重兵“围剿”湘鄂川黔苏区，企图消灭我红二、六军团，总指挥部决定转移主力到外线作战，留下能攻善守的十八师在根据地内牵制和迷惑敌人。六军团政委王震把自己用的五瓦电台调给十八师，总指挥部决定派我担任丨八师电台队长和特派员，带领四名机报人员充当总指挥部同十八师之间的耳目。总指挥部政委任弼时诙谐而又语重心长地对我说：“小特派员，你的任务重啊！我相信你一定会干好的。”我当即表示：“不怕强大的敌人，不怕险恶的环境，不怕艰难困苦，不怕流血牺牲，坚决完成任务，确保联络畅通。”

11 月中旬，我们一行五人携带电台刚到十八师，收信机就发生故障。眼看要打大仗，大家急得团团转。我顿时感到肩上责任重大，冷静地坐下来，打开机器，戴上耳机，边调刻度盘，边收听声音。连续两天，我不吃、不喝、不睡，终于发现是变阻器的镀银接点因长期使用磨出了一道槽，造成接触不良。攻克这个难题，电台的重大故障就排除了。由于电台同指挥部保持密切联系，十八师主动出击，打了一系列以少胜多的胜仗，有力地配合了主力的突围转移。

一次，电台队随师部绕道中堡地区，向来凤方向前进，准备同二、六军团主力会合时，突然遭到敌人的凶猛阻击。一股敌人冲到司令部附近，电台队和警卫连奋起反击，边打边撤，刚与敌人脱离接触，电台运输班长焦急地跑过来报告：“运输员受伤掉队，电台丢失。”

听到这个消息，我一下惊呆了——十八师每天的行军路线、敌情通报、战斗方案、全靠电台从指挥部获取，一旦失去电台，十八师就会变成“瞎子”和“聋子”，就有被敌人完全消灭的危险。

我斩钉截铁地对大家说：“宁可牺牲我们的生命，也要找回电台。”说完，我便带领电台人员和监护班战士原路返回寻找电台。敌人发现后，用猛烈的炮火进行阻击。我命令监护班组织火力掩护，自己带着运输班长，冒着枪林弹雨向前扑，终于找到了电台，并救回了运输员，为十八师避免了一次重大损失。

1936 年元旦这天，十八师突破湘鄂边界敌人的最后一道封锁线后，在长岭山头又与敌人遭遇。为了保存实力，我跟着张振坤师长，抱着电台，从高达三四百米的红砂泥山坡上滑下去。我们摆脱了敌人，却把电台摔坏了。师长和政治部主任亲自安慰并鼓励我们电台队员细心摸索，一定要把电台修好。我耐心地检查了备用零件，修好了电台。联络沟通后，我立即给总指挥部发了一份紧急电报，并抄收了总指挥部发来的敌情通报和行动命令电报，终于引导十八师战胜敌人的围追堵截，赶到江口县城与红六军团会师。

（本文选自《解放军报》）

长征故事：渡乌江

文 / 刘亚楼

乌江的侦察

1935 年新年的第一天，是渡江战斗开始的一天。前卫团已逼近江边之江界（渡口）进行威力侦察：江面宽约二百五十米，流速每秒近两米。南岸要下十里壁陡的石山，才能至江边；北岸又要上十里之陡山，才是通遵桐的大道。渡口东西两旁、两岸都是悬崖绝壁。站在江边一望，绿的江水，黑的石山，真可谓天险乌江！前卫团长耿飚化装到江边先行实地侦察：敌人在渡口（大道旁）配备有连哨；渡口上游约五百米处有条极窄的横路，与渡口大道相通，勉强可走人，但两岸沙滩极少，登岸很难，敌人在此又配备有排哨；在离江水百余米的岸上敌人筑有工事；离江边两里的一个庙里敌人配备有团预备队；其总预备队（约一个团）则在离江边五里之半山上。

……

渡口大道是敌人的防御重点，工事坚固，兵力较多。渡口上游五百米处，南北两岸勉强能攀登上下，而敌人对此处没有多注意。其余各处均是无法通行的绝壁悬崖。我军决心佯攻渡口大道，主攻渡口上游之羊肠小道。

工兵部队赶制竹筏，作强渡及架桥准备。挑选了部队中善于游水的指战员十八人，准备游水过江……

一次强渡

密云微雨，冷风冰水，强渡决定在 2 日进行。一切都配置好了，9 时前后，渡口方面佯攻动作开始了。敌人慌忙进入工事，不断向南岸射击，大叫：“快点！共匪要渡江了！来了！打呀！”这边打得很激烈了。主攻方面的机枪、迫击炮也叫了，我第一批八个英勇战士，赤着身子，每人携带一支驳壳枪，扑通一声跃入江中。在那冰冷的水里，游水极困难。但在强烈的火力掩护下，十几分钟后，无一伤亡，到达彼岸，隐蔽在敌警戒线之石崖下。此时敌人的警戒恐慌万状，大叫："来了！""过来了！注意！"八个战士虽然过去了，但交由他们游水时拉过去的准备架桥的一条粗草绳，却因水湍流急以及战士身受寒冷刺激已无力气，而无法拉过去。

指挥员决心继续以竹筏强渡。第一个竹筏撑到中流，受敌火射击翻掉了。虽有八人已登岸，但无后续部队无济于事，只得召这八个人游回南岸。其中一个同志赤身冻了两个多小时，因受冷过度，无力游回，在河流中光荣牺牲。第一次强渡，遂告无效。

"水马"在乌江

研究情况和吸取经验教训后，我们决定实行夜晚偷渡，工兵迅速赶制双层竹筏。黄昏后，担任偷渡的第四团第一营，沉着肃静，集结江边……第一连的五个战士首先登筏，并约定靠岸后用手电筒向我岸示光，以表示到达。在等齐一排人后，开始向敌军警戒袭击。第一筏偷偷地往江中划去，敌人并未发觉。四周仍然沉寂，只断断续续有零散枪声。第三连连长毛正华率传令员一人（马枪一支）、轻机枪员两人（机枪一挺），登第二筏再往江中划去。第三、四筏是预定在望着前者登岸后再去。第一筏出发已二十几分钟之久了，还不见手电光显示，是否已靠彼岸，实难猜测。在弄清情况前，第三、四筏暂不出发。一个小时后，第一筏的五个战士沿南岸回来。据报因水流太急，黑夜里无所指向，划至江中被冲，顺流而下两里许，才靠南岸，弃筏沿岸摸索而回。在这种情况下，第二筏已靠彼岸亦被水冲走，就更难判断了。然而不管如何，有再划一筏、再试一下的必要。可是，第三筏划至中流，已无法再进，不得不折回。直到此时，第二筏的毛连长仍然毫无消息。这样偷渡又告无效而停止。

坚决突过去

时间宕延，敌情紧张（薛岳纵队尾追我军），军委电促迅速完成任务，只有再思再想，想出更好的方法完成任务。我军随即决定在白天再行强渡。

……

3 日 9 时，强渡又开始了。我们对大渡口仍然只以小部队佯攻。渡口上游五百米处，在我军浓密的火力掩蔽下，装好了轻装战士的三个竹筏（共十余人）一齐向敌岸划去。敌人虽拼命向渡筏射击，但在我猛烈火力扫射下，不能沉着射击。三个竹筏上的战士在划到中流以前，均未受伤亡。一个划手同志虽竹篙连断三根（三次被敌军火力打断），但不管敌火如何，还是坚决继续强划。两岸火力正酣密时，三个强渡筏子离敌岸不远了，敌人极其恐慌了，拼命向强渡的“水马”射击。谁知道正在敌军军哨下方的石崖里，突然出现了蠢蠢欲动的几个人。贴近着敌人军士哨阵地的地方，突然间响起了对敌人作抵近射击的机枪枪声。接着是一阵手榴弹爆炸声，把敌人的军士哨打得落花流水。从石崖底下冲上去的几个人，迅速占领了敌军军哨抵抗线，接应了我三个竹筏上的小部队迅速登岸。这时，大家都感到奇怪：那从石崖底下冲上去的几个人是谁呢？“是毛连长他们呀！我看一定是他们！”

……

江边过夜的毛连长

战斗在开展着，强渡在继续着，这且搁下再说。提前说一说我们的红色英雄怎样在敌人脚下过夜——毛连长于 2 日晚偷渡时，率战士四人登第二筏。这个竹不知怎样竟然靠了彼岸。在他们登了岸后，总是望着后续的竹筏，却总不见来。他们用一根火柴示光，但因离敌太近（离敌人只二三十米）不好过于现光，南岸并未看见，结果两岸彼此都无从判断……

总共不过五个人登岸，后续部队没来。在这种情况下，毛连长只得等着机会再动作了。一个战士向连长提议说：“我们去打这上面一班人吧！有把握！”毛连长阻止说：“我们几个人去同敌人打，固然可以把这一班人打掉，但并不能解决问题，还会泄露秘密，暴露意图，反而对整个行动有害！”毛连长招呼四个战士紧紧围在一堆，忍冻过夜。过了一会儿，一个战士（轻机枪班的）突然不在了，毛连长警惕地思考着在这极恶劣的环境下，这个新战士（不久前才从白军中俘虏过来的）会不会投敌告密？毛连长急忙告诉其余三个战士：“万一敌人发觉我们，只有坚定沉着地待敌靠拢后以手榴弹对付，打死他们一些后，实在打不过，一齐投江。我们是红色战士，我们宁死不投降。投江而死是光荣，投敌而生是耻辱。”再过了一会儿，那个战士摸了回来，五个人团在一堆，在这江水浩浩、冷风飕飕的乌江边石崖下过了一夜。

江边激战

好！回过来讲战斗情形：第一批强渡的十几名战士与毛连长等会合了。在占领了敌军军哨抵抗线后，继续向敌排哨佯攻。连接几阵手榴弹后，在机枪掩护下，刺刀用上了。排哨抵抗线被我军夺取。敌人一个排死伤过半，往上逃去。正当我强渡部队进击到那壁陡石山上的一条小路边时，敌人预备队增援上来了，增援的敌军大约有一个营，居高临下实行反击，我军十几名战士无法再进。这个地区只有一条羊肠小道，敌人想沿着这条小道继续往下反击，但我军以极浓密的火力封锁了这条小

红军乌江渡纪念碑

道，结果敌人也无法下来。

过去了一排人，并且派了共产党总支部书记林钦材、政治保卫局特派员周清山去领导火线政治工作。接着第一营营长罗有保也过去了。这一排人又进行了一次冲锋，把企图反击的敌人稍稍打退了一些。我部又向前进展了一点。但因为陡山小道，部队无法展开，到了半山，终于又被迫停止，无法再进。国民党侯之担手下健将林秀生亲临前线督队反冲锋，我军最前面的一个班，在敌人火力之下，大部伤亡，并被迫后退。敌人又企图追下山来。我们的政治干部对战士们说：“同志！退不得！后面是江，退就是死！”后面一个班增加上去了，扼住了敌人。因为地形关系，双方形成相峙局面。

真正是无坚不摧

地形限制着战斗的进展。后续部队在继续筏渡。正在敌我相持不下时，我第一营营长发现在我军左侧的一处石壁可能攀登上去，旋即派一个班沿此处试行攀登。经过战士们的摸索，真的在那巍峨峭壁上，找到了攀登前进的可能。一个班很快占领了敌军右前方的一个石峰。在我这个班的火力猛射下，敌人站不住了。正面发起冲锋，敌军开始动摇了。此时强渡部队已过去一个连了，不久夺取了敌军主要抵抗线。此时大道渡口的敌军听见其右翼的冲锋号、喊杀声、手榴弹炮弹爆炸声，知道事情不妙了，也开始动摇了。我先头的一个连立即猛追，把敌人全线击溃。天险的危江，就这样被突破……

（本文选自《光明日报》，有删节）

长征故事：雪山忠骨

文/唐 铮 赵 耕

除了红二十五军外，中央红军（红一方面军）和红二、四方面军都或多或少见识了大雪山的淫威。从进入邛崃山区的那一天起，一直跟在红军身后的追兵便不见了。这时的蒋介石只是调遣队伍守在川西的山口外面，他断定红军翻不过皑皑雪山。

在将近两个月的时间里，这支队伍的主题词便是“翻越”。翻越的对象是一座座终年积雪的高山；翻越的工具是用碎布、棕毡撕成条包裹的草鞋和穿在脚上带钉子的土制登山鞋；翻越的条件是每人在山脚下喝的一碗热姜汤和揣在怀里的几个小红辣椒。

现在回头看，雪山只不过是一个统称，是红一方面军翻过的五座雪山、红二方面军翻过的十座雪山和红四方面军前后三次累计翻过的二十多座雪山的总称。

行走在边缘地带

走下雪山之后，周恩来连连咳嗽，这只是一个前兆，随后袭来的大病险些要了他的命。

和周恩来一样，翻越雪山是很多红军长征开始以来最艰苦的一关。其艰苦程度超过湘江之战、翻越五岭、四渡赤水，也超过只有少数人参战的强渡金沙江或飞夺泸定桥。

强渡大渡河以后，雪山并不是红军北上的唯一一条路。当时，队伍从东侧能够抵达茂县；从西侧可以沿一条商队常走的山路通往川西北的丹巴地区；最后一条路才是横在面前的夹金山。

当时的红军选择了最难走的一条路。达维县党委书记任强指着地图解释说，东侧最好走的大路早已布好了川军；西侧不仅路远，还要经过大小金川地区，面临诸多土司武装的威胁。为避开攻击，红军不能靠聚居区太近，但为了取得粮草，也不能离得太远。换句话说，当时的红军只能长期徘徊在边缘地带。

这就意味着在未来两个月内红军将不停地翻越雪山。从夹金山开始，地势由四川盆地向青藏高原陡然升起，岷山山脉、折多山脉等环绕于前，大小雪山共有几十座。而红军中大多数人来自南方，在长途跋涉中穿着单衣，有的人甚至根本没有见过雪。

海拔四千九百多米的夹金山是红一方面军翻越的第一座大雪山。此前，红四方面军已经先行翻越了海拔四千五百多米的红桥雪山。

即使在当地人眼中，夹金山也是值得敬畏的。当地居民称夹金山为仙姑山。他们告诉红军，这座山只有神仙才能飞过去。而红军当中的大多数人来自炎热潮湿的华南或华中地区，并没有足够的应对冰雪的经验。

登山前，卫生员们不得不像教孩子一样耐心地向将士们讲解：爬山前要把衣服松开，以便于呼吸；走路要慢，但绝对不能停；出发前用布条遮住一部分视线，防止雪盲；吃饱吃好，穿上厚衣服，喝一碗祛寒的鲜姜辣椒汤；在山上禁止喧哗，防止引发雪崩……

6月的山脚下，天气已经很热，刚开始爬山时，人人汗流浃背，衣服湿透。快爬到雪线的时候，气温一下子降低。战士们觉得凉快下来了，开心地互相开着玩笑。“谁也没想到后面，没想到爬座山居然会死。”老红军马其章回忆起当时的情况时说。

进入积雪线后，俨然进入了严冬，有的地方积雪一直没到膝盖。“我穿着平时的草鞋和短裤就翻过来了。”马其章语气里带着几分得意。然而，这座海拔四千多米的高山，对于很多红军战士来说，并不像当时只有十几岁的马其章说的那样轻松。

种种对冰雪的不适应在雪线之上集中爆发了。越向上爬，空气越稀薄，很多人出现了高原反应。加上寒冷饥饿，有的人一坐下来就再也站不起来了；有的人没有按照卫生员的嘱咐遮住眼睛，在一片白茫茫的大雪中突然雪盲，眼前什么都看不见，一脚踩在冰上滑倒了，挣扎着往前爬，却没有气力。由于缺少御寒装备，许多人冻僵了，再也没有站起来，或者滑倒后直接坠下冰崖没了踪影。

“地上有前面人蹚出来的一条雪路，大家就低头跟着走。”时年八十五岁的老红军张世秀已经记不清登山的过程，“沿路时常有长条形的雪堆，都是去世的战友。”

爬上山顶，垭口寒风吹得人站立不稳。力气小些的“红小鬼”，只好一路拉着

马尾巴借力。站在山顶，连飞机也似乎飞不上去了。老红军杨定华曾经用文字记录了当年的经历：“站在山顶，国民党的飞机就在脚下盘旋。我们冲飞机喊‘上来啊，有本事上来啊’，他们根本听不见。”

终于到了下山的时候，滑溜的冰面根本站不住脚，战士们纷纷坐在山顶上，像溜滑梯一样顺着山坡滑下去，但是，并不是所有结满坚冰的路面都能顺利滑向山脚。于是，有的红军战士眼睁睁看着自己的战友像炮弹一样，笔直地冲下了万丈深谷。

山脚下，兄弟重逢

“他们从山上下来时，衣服五颜六色，什么样式都有。人都很瘦，皮包骨头。”

四川省小金县达维镇的藏族老人张绍全一边说，一边用手在两颊边比画，形容着红军瘦削的脸。

1935 年的农历五月初四，张绍全见到了刚刚成功翻越夹金山的红一方面军。当时他叫顿巴，还没有汉名。达维也还是个不显眼的村子，全村只有一百零六户人家。

当时只有二十一岁的顿巴可能并不知道，他和这支队伍一起度过的是“承前启后”的一天。在这天之前，红一方面军刚刚经历了长征路上第一座雪山的考验，并成功地与阔别八个多月的红四方面军会师；在这天之后，等待着他们的依然是连绵不绝的雪山。

张世秀至今也说不清自己队伍的编号。入伍时，她是红四方面军二十五师的一名卫生员。到了达维之后，她和另外一千多名战友被划归到中央红军。还没来得及记住新队伍的名字，张世秀便因为一场疟疾留在了达维，随后一直定居下来。

长征初期，红一、四方面军曾有一些断断续续的无线电联系。但据张国焘回忆，红四方面军曾丢失过一个密码本，由于担心它已落入蒋介石之手，此后便停止了使用。

红军飞夺泸定桥成功后，杨成武带领的突击队已经出发，任务是和红四方面军取得联系。红四方面军也几乎同时派出了一支精锐的突击队寻找红一方面军，率队的是年轻的李先念。

如果在地图上画出两支突击队行进的路线，只能说是冥冥中被一种不知名的力量所指引。否则，很难有什么理由能够解释，红一、四方面军各自的突击队尽管从不知道对方的存在，但就像是两块互相吸引的磁石，一直蜿蜒地朝着对方前进，两支队伍之间的直线距离，最近的时候只有一百公里。

达维会师桥，当年红军战士们在这里终于见到了亲人

终于，几声军号确认了彼此的身份。两支队伍在狭窄山路上相逢，走过漫长的征途，两支队伍的服装差异很大，又都没有打出明显的旗号，兄弟相见却互不相识。两支队伍都很机警，先头部队已经交了火，互相放了一阵枪，幸好还没有人员伤亡。其中一支部队先感觉到有些不对劲，指战员下令吹响军号来试探对方。

“自己人啊！”同样的军号声在对方的队伍中响起。两方的士兵都沸腾了，握手拥抱，相互问候，一片欢呼。从中央苏区撤出八个月来，一直孤军作战的红一方面军终于和红四方面军胜利会师了，这是自四渡赤水以来，他们一直想要实现的目标。

李先念并不在欢庆的人群当中，他正固守着刚刚打下来的三关桥。在此之前，李先念率领队伍打下了达维县城另外一侧的猛固桥。控制了这两座桥，就等于扼住了达维仅有的两条道路。

收到二十五师师长韩东山的电报，李先念十分惊讶。他没想到会这么快，电示韩再核实一下，韩东山立即回电说：“情况准确，他们也已到达。”

这时，红一方面军的部队正马不停蹄地开进达维。见面后，红四方面军当时便补给中央红军一千多人。李先念在回忆录里写道：“在我们心目里，这就是一家子。”在随后召开的集会里，红军们唱起了自己编的会师歌：“一个英勇善战不怕困难多，一个战略战术很不错，我们一起来会合，真快乐……”

当天晚上，县城旁边召开了一场盛大的联欢会，红军载歌载舞，好动的顿巴忍不住加入其中。当晚和顿巴合舞的红军叫张绍全，队伍临走时，他把自己的汉语名字一笔一画地写下来，留给了顿巴。

山下，曾经洒满血泪

1936 年，距离达维会师已有一年的时间。红四方面军在宝兴县内建立了苏维埃政权。宝兴和达维只隔着一座夹金山，已经有了汉语名字的顿巴和他的乡亲们对红军再也不陌生了。

和去年似乎相同的情景又出现了。山腰上是密密麻麻的帐篷和队伍，红军喊着

口号，好远都能听见。这次，顿巴和他的乡亲们带着食物和水，欢迎翻山过来的红军。

对于三过雪山草地的红四方面军来说，和一年前不同的是，由于熟悉了雪山地貌，减少了翻越夹金山时的人员损耗，但队伍却有了新的血泪。

红四方面军南下后，在百丈关、天全一带受挫，不得已第三次翻越夹金山。上千名伤病员，被永远地留在了夹金山的另一端。

整装待发的部队望着身后上千名年轻的红军伤病员。他们躺在雪山脚下，接踵而来的是国民党部队。这都是些已经杀红了眼的对手，更何况，在红军伤员中，有人在十几个小时前刚刚打死过国民党的士兵。

“大家要安心，尽量养好伤，如果敌人来了，胆敢做出杀害伤员的行为，我们一定要团结起来和他们据理力争。”红军中的政工人员含着眼泪说。一方用心地听，另一方无奈地说，双方心里都很清楚，这些话对于肯定是严酷结局来说，多少有些苍白。很多红军战士不忍离去，走在山路上的也是一步三回头，山脚下密密麻麻或躺或卧的伤员，岂止是他们的战友，有的就是他们的亲兄弟、亲姐妹、亲父子。

漫天飞雪中，徐向前、王树声、许世友、李先念……这些在百万军中不曾皱一下眉头的红军将领们，毫不掩饰自己的眼泪。部队终于出发了，数万名军人的哭声在夹金山上回响，盖过了飘飘洒洒的大雪。

山顶，至今伫留英魂

顺利翻越夹金山只是红军过雪山的一个序幕。从四川盆地到松潘草地之间的几个红军坟，默默地证明着红军此后更为艰难的征程。

在长征中，红一方面军先后翻越了夹金山、梦笔山、雅克夏山、昌德山、打古山等五座海拔四千米以上的雪山。红二方面军在三大主力红军中最晚进入雪山地区，翻越的雪山却最多。先后翻越了哈巴雪山、大雪山、小雪山、扎拉亚卡山、海子山、马巴亚山、恶热山、麦拉山、瓮水、邯坡等二十多座雪山。红四方面军是最早踏入雪山地区的部队，由于曾三次跋涉雪山草地，在雪线以上区域停留时间最长。红桥山、夹金山、梦笔山、雅克夏山、昌德山、打古山、党岭山、巴郎山、鹧鸪山等都留下了他们的足迹，累计翻越雪山超过二十次。

1952 年 7 月，驻扎在雅克夏雪山的解放军部队在营地附近发现了排列整齐的十二具遗骨。这些遗骨全部头朝南脚朝北排列，且间距相等，保存完整，看不出任何断裂和枪伤的痕迹。当时，这支部队的一位负责人正是当年爬过雅克夏雪山的老红军，他根据已经风化变脆的军装和散落在骨架旁的皮带环、铜扣等遗物认出，这十二具骨架就是红军战士的遗骨。

后来查明，这支红军队伍是红二、四方面军建制的一个班，他们在甘孜会师后，北上翻越雅克夏山，夜里在山顶宿营。海拔四千多米的雅克夏山山顶的空气非常稀薄，这一个班的红军战士躺下之后就再也没有起来，全部因缺氧窒息而亡。

解放军战士们把这十二具红军战士的遗骨收殓起来，在距山顶一百米的一处山坳中造坟立碑。

在雅克夏雪山脚下的黑水城郊，伫立着一座更大规模的红军烈士墓。这里长眠着 1935 年 6 月至 1936 年 8 月，红军三个方面军长征途经黑水城时牺牲和冻饿而死的烈士遗骨。长眠在这片土地上的红军战士，有将近一万人。他们的家乡遍及全国十多个省区，年龄最小的仅有十五岁，最大的也不过二十四岁。据当地的老人回忆，直到二十世纪七十年代，雪山上还时常能见到一堆堆的白骨和被丢弃的手榴弹。

与雅克夏雪山相隔数百公里的党岭雪山上，也保存着一座红军坟。它是中国海拔最高的红军坟墓。1936 年 2 月中旬，红四方面军翻越了党岭山，同时创造了红军在最寒冷的季节、爬得最高、路程最远的一次翻山纪录。

党岭山是折多山脉的主峰，海拔五千多米，上下山约二百里路。四方面军站在山脚的时候，当地夜间气温在零下三十摄氏度左右，白天也都在零摄氏度之下，但很多红军却穿着单衣，有的人甚至光着脚。

上山时，即使是最顽强的挑夫也累倒在雪地上再也爬不起来。先头连队根据向导的指点，用刺刀或铁锹在陡峭坚硬的雪地上挖出一些踏脚孔，大家紧紧跟随着前进。很多战士四肢早已被冻得没有了知觉，脚被冻裂，一路上留下斑斑血迹。

在高度严寒和极度缺氧中，有的人头晕目眩、浑身无力，不自觉地停下歇一歇，结果永远躺倒在雪山怀抱里。

现在，山顶上的红军坟没有坟头，没有墓碑，甚至连一点红军的痕迹都见不到，却经常有当地百姓上山来祭拜，环绕着的经幡和哈达成了山顶一道独特的风景。

（本文发表于 2006 年 10 月 16 日，选自《北京日报》，有删节）

长征故事两则

文 / 李治亭

不让一个病员掉队

1935年4月初，部队二渡乌江时，时任中央军委干部团一营政治教员的欧阳平正发着高烧。前梯队经过战斗夺取了渡口并架了浮桥。渡江不算困难，唯江两岸山高路陡，下十里，上十里，正常人走都感到吃力，对于突然患病的他来说，其难度可想而知。从江边往下走时他两腿直打哆嗦，在南岸攀登那十里时，更是越走越难，到后来真有寸步难移之感。除卫生员罗绍钦跟随护理外，连部又派了两名学员帮助。有时搀扶，有时背着，这样才上到山上。又走了一段路，天黑才到达三连宿营地。他自己病痛难忍，又看到同志们为他受累，一到连部就伤心得掉下了眼泪。连长、指导员对他又安慰又鼓励，并传达了上级领导的指示：部队病员一个不能丢。

第二天天未亮，队伍吃过早饭就出发了。指导员带着一个班和卫生员跟着他。指导员指着地上临时绑扎的一副担架，要他躺下由学员抬着。他怎么能让学员抬着走呢？他坚持不上担架，拄根棍子就跟着部队出发了。但是干部团担负着侧翼行军警戒并掩护中央纵队的任务，大家行走如飞，他们很快就掉队了。天亮了，指导员和其他几位同志很着急，硬要他上担架，无奈，他只得听从安排。坐在担架上走了一段路程，由于上山下山，路又不平，学员们十分劳累，他躺在担架上万分难受，心里惴惴不安，再三恳求下来自己走。在同志们的搀扶下（有时还背），才得以走走停停。

中午，连长、指导员研究后，派两个学员从土豪家里牵来一匹马，还备好了鞍子。指导员说："欧阳教员，有办法了，你骑上这匹马，就不用坐担架了，也掉不了队了。"他心里万分感动。

进入云南以后，他的病才基本上好了。在此期间彭德怀首长派医生给他送来了药，炊事员还特意为他端来了浓浓的鸡汤……欧阳平说，长征中他时时感受到革命大家庭的温暖。

过橘林不吃一个橘子

老红军罗通任济南军区政治部顾问时，我是军区政治部党委委员。我们经常在一起开会，听他多次谈到长征中的经历，给我印象最深的是红军一次行军路过橘树林遵守纪律的故事。

红军中央纵队快要到达永宁时，战士们已经两天没吃一顿饱饭了，部队派人到沿途两侧的村镇去筹粮。这里的群众不了解红军，都跑光了。罗通他们筹粮时，看到一户老乡家盛粮食的坛子里放着一些钱和一张纸条，纸条上写着：“老伯，实在对不起，我们是工农红军，因为两天没有吃上饭，路过这里，你们又不在家。所以把你的粮食取了一些，按粮食市价留下了钱，请查收，并望原谅。”下面署名是一个军团的部队代号。看了这张纸条，罗通知道在这里难以筹到粮食了。他们走了一村又一村，粮食最终还是没有筹到。

部队官兵就这样饿着肚子来到了永宁。有一部分兵力包围着城内的敌人，主力则开向营盘山。行到山下，抬头一看，满山都是黄澄澄的橘子。越走越近，拳头大的橘子，散发着一阵阵诱人的清香，挑动着人的食欲。

“嘿！树上的橘子一个挨一个，压得树枝都快触到地面了！”

不远处有一个小战士，说着话伸手从橘子树下捡起一个掉落的橘子，周围的战士立即大喊起来：“同志，干什么？这是违反群众纪律的啊！”

那个小战士把橘子放在鼻子上闻了闻，又放在手心上掂了掂，开心地说：“嘿！足够四两重。闻闻也过瘾。”然后小心翼翼地把橘子放在地上，继续行军。

再往前走，橘树林边站着一位老大爷。他两手拿着几个大橘子，径直向同志们跑来，把橘子往他们手里塞：“别客气，吃吧，吃吧！”一个战士接过一个橘子，顺手给了老人一些钱，老人无论如何都不肯收，于是那个战士又把橘子送回老人手里，一溜烟地跑开了。老人看看跑远的战士，只好把橘子又送到另一个战士手里，可是再没有一个战士去接橘子了。

过橘树林宁愿饿肚子也不吃百姓一个橘子，这是红军长征途中严格执行群众纪律的真实写照。

（本文发表于 2006 年 8 月 27 日，选自《解放军报》）

长征中的几个小故事

文 / 张家康

美国著名作家和记者哈里森·索尔兹伯里在完成其名著《长征——前所未闻的故事》后，感慨地说："1934 年中国革命的长征并不是什么象征，而是考验中国红军男女战士的意志、勇气和力量的人类伟大史诗。"

笔者根据鲜为人知的档案和回忆录写成此文，以纪念长征——这部"人类伟大史诗"中的普通红军战士，并借此展示当年红军将士的意志、勇气和力量。

六只木船过金沙

当红军到达金沙江畔后，根据中革军委的指示，兵分三路抢渡金沙江：一路以红一军团为左纵队，以龙街渡为渡江方向；二路以红三军团为右纵队，以洪门渡为渡江方向；三路以军委纵队和红五军团为中央纵队，以皎平渡为渡江方向。三路人马均以最强的急行军速度，赶往各自的渡口。红一军团和红三军团各自赶到龙街渡和洪门渡，都因没有渡河工具，而被阻在金沙江畔。

因此，红军全军的目光一下都集中到皎平渡的中央纵队身上。

刘伯承率领中央纵队干部团三营化装成国民党军，趁守敌疏于防备的情况下，弄到了两只船，当即就把一排人送过江。过江后才知道，川军在皎平渡并没有严加设防，仅有一个收税哨卡。当红军战士冲进哨卡时，从酣睡中惊醒的川军官兵还以为是神兵天降。红军战士很快就找到川军的四只船，连同原先的两只船，现在已经有了六只船。

不久，红军的千军万马靠着这六只木船渡过天险金沙江。

当时是如何迅速而有序地过江的呢？陈云曾回忆说："一切渡河部队均须听命于渡河司令部。每船有号码。船内规定所载人数及担数，并标明座位次序。不得同时几人上船，只得一路纵队上船。每船除船夫外，尚有一司令员，船中秩序必须听命于这个司令员。”红军的组织能力，除了表现于组织秩序外，还与极好地组织船夫密切相关。船夫第一天只有十八人，后来增加至二十七人。工人之所以能增加，是因为红军渡河司令部除派党的干部进行宣传工作外，还优先给工资。当时每天日夜工资大洋五元。工人“日夜进食六次，每次杀猪。而共产党指挥渡河之人员，则每餐之蔬菜只吃青豆”。渡河以后，除工资外，各给船夫大洋三十元，因此船夫对红军颇有好感，很多人还因此参加了红军。

在休整中扩军

红一军团突破敌人封锁线后，来到江西宜章的白石渡，在这里休整了一天。

这里是当时粤汉铁路的必经之地，铁路刚刚在这里开工，聚有许多来此打工的湖南农民。他们住的是用松树搭成的窝棚，一棚要住二十人左右。他们来此是因为家乡遭受天灾，原指望来此挣点工钱回去养家糊口，工头却从来不发工资。遇到生灾害病，工人们饱受煎熬，一些体质虚弱的人，已经奄奄一息。

红军看到这批湖南农民，立即救济他们。给他们发放谷米和猪肉，并发放衣服物件，有工人急欲回家的，还给他们发了路费。在红军的感召下，工人们三五成群地来到部队，纷纷要求参加革命队伍。一些年纪大的工人为不能参加红军而叹息：“可惜我老了，不然，我也要参加红军，跟着你们一道走。”他们说，“我活到这样大的年纪，从没有看到这样好的队伍，从没有看到这样真正为老百姓谋利益的队伍，你们一定要成功啊！”

对于参加红军的新战士，红军将士都亲切和蔼地招待他们。一大群衣衫褴褛的工人，一下子就成为穿上军装的新战士了。

第二天，部队继续前进，队伍人数增加了数百人。

坐筐过绳桥会师

1935年6月14日，中央红军一部和红四方面军一部在达维镇会师。红三军团担负中央交予的维护交通、与红四方面军会师的任务。彭德怀亲自率领十一团来到维古村。

这是个依傍高山、面临大河的村庄。河上的桥已被敌人破坏，隔河而望，红四方面军的队伍正向这边走来。双方虽是面貌可辨，可是使尽力气喊话，对方仍是听不清楚。急中生智，他们互掷石头，在石头上缠上字条，相约在这里架设悬桥。听说在上游的以念有一道桥，彭德怀又来到以念。可是以念的绳桥也受到了破坏，上下两条绳，只剩一条，河的对面就是红四方面军，双方仍然沿用之前的方法，向对岸掷石头。

十余分钟以后，双方都接到字条：“我是徐向前，率领红四方面军之一部到达了”“我们是三军团之一部，在此迎接你们”。虽然取得了联络，但双方依然不能讲话，也不能渡河，仍是隔河相望着。

就在为难之际，红军战士在河岸的树林中找到了筐子。于是红四方面军的一个战士坐在筐子里，将筐子拴在绳子上，从河对岸慢慢地荡过来了。接下来便是红四方面军总指挥徐向前和其他官兵一个又一个地渡过来。双方终于会师成功。

两天后，维古的悬桥经红军一方面军与四方面军共同努力，终于架设成功了。

红军女战士“接受检查”

红军突破天险腊子口，翻越岷山，到达甘肃宕昌哈达铺。

部队进入宿营地之后，所有小贩都向红军部队围拢过来。为避免买卖拥挤，各部红军战士都只派出采买员去购买东西，而且买卖用现大洋。群众觉得红军说话和气，买卖又公平，这样多的人马还一点都不嘈杂，大家都感到有点惊奇。

在这里更有意思的是几位农妇对于红军中做政治工作的女战士产生了兴趣。她们觉得这些女战士言语行动明明是女子，但细看她们穿着戎装、麻鞋，又缠着绑腿，配着手枪，雄赳赳地走路，这引起她们的怀疑。于是几个农妇格外亲热地拉着一个女同志往她们家里跑，因为她们对女战士到底是男是女仍然抱一点怀疑态度，所以向女战士进行“检查”。红军女战士当时被弄得莫名其妙，大家哗然一笑。然而那些执行“检查”的农妇们则更加热情了，请那些红军女战士上炕（北方睡土炕，凡有客人来了都请上炕，但女人的炕只请女客）。女同志不仅被请上炕，而且被农妇们请吃了晚饭。

一般的战士们虽然没有被农妇们请吃晚饭，但各个伙食单位都买到了羊肉和白面、盐、油，与在雪山、草地吃野菜、青草，数月不尝盐油之味的情形比较起来，简直就像“困于囚笼之鸟儿，逃脱翱翔空中一样”。

红军经过短暂的休整，由此继续向陕北行进。由于宣传北上抗日的主张，由于秋毫无犯的纪律，沿途都受到群众的欢迎。

（本文选自《人民政协报》，有删节）

掩护中央红军主力长征的部队

文/郑椿霖　欧　灿

在中央红军长征中，担任开路先锋的红一、三军团斩关夺隘，战功赫赫，备受世人瞩目。其实，负责殿后的红五军团和侧翼掩护的红九军团，同样创立了不可磨灭的功绩，留下了可歌可泣的故事。

“铁流后卫”——红五军团

长征中，红五军团的行军序列一直在最后，主要负责抗击敌军追兵，掩护红军主力北上。一路上，红五军团竭力阻击数倍于己的追兵，不顾自己时刻面临与主力失去联系，甚至全军覆灭的危险，多次击退并迟滞了国民党军队的行动，保证了红军主力和中央机关的安全，被红军称为“铁流后卫”。红五军团参谋长陈伯钧也因善于殿后而赢得了“铁屁股”的美誉。

湘江战役中，为确保中央红军顺利渡过湘江，军团长董振堂临危受命，率部同蜂拥而至的敌人殊死激战，出色地完成了任务。然而，负责殿后的红五军团三十四师，被敌军阻隔在湘江以东，陷入重重包围。三十四师面对四个师的敌人孤军作战，五千多名官兵大部分壮烈牺牲。师长陈树湘在率部突围时腹部中弹，躺在担架上指挥战斗。被俘后，他绞断自己的肠子，壮烈牺牲，年仅二十九岁。

金沙江

中央红军巧渡金沙江时，

红五军团奉命在石板河阻击追兵。他们在崇山峻岭中与敌人奋战三个昼夜，像一道“铁闸”一样，紧紧把十多万国民党“追剿军”堵在了仅有的一条道路上，保证了党中央的安全。红军主力渡江后，红五军团交替掩护撤离了石板河，顺利渡过金沙江。完成渡江后，他们凿沉了渡江的七条木船，对尾随而来的敌人关上了追击的大门。

1935年6月懋功会师时，担任后卫任务的红五军团第三十七团刚刚翻过雪山，到达懋功县城东南的达维镇，突然接到上级命令，要求他们原路返回盐井坪，为会师部队担负警戒。三十七团官兵没有任何怨言，忍着饥饿、寒冷和极度疲劳，先后三次翻越天险夹金山。

1935年6月红一、四方面军会师后，红五军团改称第五军，董振堂任军长。1936年10月，他们编入西路军，渡黄河西征执行宁夏战役计划，参加了攻占山丹、临泽、高台等县城的战斗。1937年1月12日，第五军在甘肃高台县城与近十倍于己的敌人浴血苦战，董振堂率部战至最后一人一弹，于20日壮烈牺牲。

“战略骑兵”——红九军团

长征中，红九军团多次担负侧翼掩护任务，以善于单独执行作战任务而著称，是机动灵活性最强的一支部队。在军团长罗炳辉、政委何长工的指挥下，红九军团凭借善于穿插迂回、机动作战的优势，时而绕到敌军背后攻其外围，时而长驱直入打其指挥部，牢牢地牵住了十几万国民党军队的“牛鼻子”，分散了敌军对中央红军主力的注意力，多次为红军主力顺利脱险争取了时间。

1935年4月，乌江战役中，红九军团完成诱敌任务后，准备追赶中央红军时，国民党军队突然封锁了乌江渡口，整个军团全部被阻在乌江北岸。前面是滔滔江水拦阻，后面是敌军重兵围追，红九军团陷入绝境。由于电台发生故障，他们与中央红军失去了联系。军团指挥员果断决定，向东北方向转移，先摆脱敌军，而后找机会向南渡江，追赶主力部队。

红九军团昼夜兼程赶到金沙县的老木孔。此时，黔军七个团正迎面而来。刚刚摆脱国民党正规军的红九军团，没有被气势汹汹的恶敌吓倒。他们借助有利的地形，设下埋伏圈，打了一个漂亮的伏击战，仅以十七个连的兵力就打垮了黔军整整一个师，创造了以少胜多的经典战例。

红九军团用缴获的电台与中央取得了联系，中央指示红九军团继续单独执行作战任务，相机袭击宣威，吸引敌军，配合中央红军的渡江活动。4月下旬，红九军团接连拿下了宣威、会泽等地，获得大量的物资补给，力量进一步壮大。此举震动了整个云南，国民党急忙抽调部队进行“围剿”，这在很大程度上减轻了中央红军的压力。

5月上旬，红九军团渡过金沙江，进入四川境内。此后，红九军团单独执行任务五十多天，转战数千里，经历大小战斗二十多次，扩军两千余人，牵制了国民党正规军和地方部队十余万兵力。

红九军团利用其擅长游击战的优势来回穿梭，分散了国民党军队追堵中央红军的兵力，周恩来多次称赞他们是响当当的“战略骑兵”部队。

（本文选自《解放军报》）

长征路上的女红军
——行进在男人队伍中的女人花

文/王 岚

长征中的部分红军女干部

毛泽东对长征有一段最为精妙的论述："讲到长征，请问有什么意义呢？我们说，长征是历史纪录上的第一次，长征是宣言书，长征是宣传队，长征是播种机。自从盘古开天地，三皇五帝到于今，历史上曾经有过我们这样的长征吗？十二个月光阴中间，天上每日几十架飞机侦察轰炸，地下几十万大军围追堵截，路上遇着了说不尽的艰难险阻，我们却开动了每人的两只脚，长驱二万余里，纵横十一个省。请问历史上曾有过我们这样的长征吗？没有，从来没有的。"从这里，我们不难想象，即便是勇猛无比的男红军，也经受了一种什么样的生死考验，何况女红军呢？每每想到此，我们都难以忘记那几十位参加长征的女红军的动人故事。

参加长征的女红军是如何确定的

中国工农红军在遭受国民党五次"围剿"之后，正面临着一道进和退的难题，中国革命处于危急关头。与此同时，红军中的女战士们，也面临着同样的难题：是随主力红军一起走，还是留下来开展游击战？

1934年9月中旬，中央妇女部部长李坚真接到中央组织局主任李维汉的命令：

草拟一份随红军主力一起行动的女红军名单。李维汉告诉她："组织上决定要挑选一批身体好、会做群众工作的妇女干部随部队转移，到湘西去开展工作。你们妇女部先出个名单给我，总数不要超过三十人。"李维汉还明确告诉她，中央领导同志的夫人和中央直属机关担任领导职务的女同志的去留可以不考虑，由中央组织部决定；在军队工作的女同志，由总政治部决定。

谁去谁留？李坚真费尽思量，终于在规定时间内拿出了一份名单，她们是：邓六金、吴富连、吴仲廉、钱希钧、贺怡、李桂英、甘棠、钟月林、刘彩香、王泉媛、危秀英、谢飞、蔡纫湘、谢小梅、危拱之、曾玉、陈碧英、黄长娇……

当时苏区的形势已经非常紧迫了，能够跟随大部队行动对每一位女红军来讲都是一种荣耀。有的还认为，从某种意义上来说，跟随大部队也是一种安全的保证。但并不是每一位女战士都能紧随大部队，有许多人不得不留下来，面对更残酷的局面，接受人生的考验。就算是名单上的女人们，也并不是想走就走，想留就留的。她们首先要通过体检关，这是中央的决定。

被通知体检的女红军们兴冲冲地来到红军卫生队所在地——梅坑。她们既兴奋，又恐惧，她们从生下来就没有进过医院，更没有见过那个神秘笨重的 X 光机。但检查身体是政治纪律，必须严肃对待。她们忐忑不安地走进苏区红色医院的大门，平生第一次量身高、测体重、验血、验尿、照 X 光……她们也许还没有意识到，自己的命运就此被改写了。

陈碧英那时和董必武结婚才两年，她根本没有想过自己会被留下来。可检查结果出来后，组织上决定让她留下来。原因是她的体重比标准体重差一斤，加上她当时怀有身孕，长途跋涉肯定对她健康不利，所以让她留下。可她怎么舍得和自己的丈夫分离呢？何况是在当时的情况下。她哭着央求自己的丈夫去说说情，可时任中央工作团团长的董必武却要求她接受组织的安排。

中央工农监察部委员黄长娇，也以为自己一定是随大部队前进的，检查完身体后回到驻地就开始收拾行李。突然，她接到通知说让她留下来。"为什么？"她疑惑不解。原来是她也已经怀孕三个月了。作为一个女人，她该为自己怀孕而欣喜，但作为一名党员，作为一名女红军战士，她此刻后悔不已，然而她只能无奈地服从中央的安排。

贺子珍的亲妹妹贺怡，本来也是要随主力红军一起转移的，但她的丈夫毛泽覃临危受命任中共苏区中央分局委员、红军独立师师长，她也便留在瑞金打起了游击。这一留，她的命运被彻底改写。

有想跟着大部队走的，也有想留下来的。邓颖超就是其中一个。邓颖超由于长期超负荷工作，加上营养严重不足，并患有在当时很难治愈的肺结核病。此时，她精通中医的母亲千里迢迢从上海来到苏区陪伴唯一的爱女。

那时，真正执掌中国工农红军命运的是李德、博古和周恩来组成的“三人团”。作为周恩来的夫人，邓颖超很清楚组织上会让自己跟随部队一起行动，但大病未愈的她顾全大局，不愿意因为自己的病给组织上和他人造成任何麻烦。她恳求丈夫：“恩来，我还是留下来吧。我的病还是这样子，怎么和部队一起行动呢？留在苏区不是一样干革命吗？更何况妈妈也在这里，我们还能互相照顾的。”

周恩来内心也充满了矛盾。他知道这次转移不是简单地与敌人周旋，尽管“三人团”商议的只是打算将红军转移到湘鄂西，与红二、六军团会合后，创建新的革命根据地。但作为部队的高级领导人，部队真正要走多远，当时还是个谜，即使面对妻子，他也难以说出确切的答案。他只是对妻子说：“小超，谁走谁留是经过中央小组认真讨论的，不是我一个人说了算。至于妈妈，我们也只好请留下来的同志帮忙照顾她老人家了。”

1934 年 10 月 16 日傍晚，红军还是迈开了万里长征的第一步，几十位女红军也离开了苏区这片相对稳定和安宁的红土地，开始了前途未卜的长途跋涉。因为中央有纪律，她们的行装很少，只许带十五斤重的东西，其中包括换洗的衣服和一些日用品，粮食由部队发放，同时还给她们每人配发了一个大搪瓷缸子，里面塞着毛巾和牙刷。女红军们把搪瓷缸子挂在腰间，这成了红军长征途中一道别致的风景，成了男人队伍中的女人花。

别样的行军

长征伊始，为了隐蔽，红军大部分时间是在夜里行动，而且夜里行军时也不允许打火把。

这些本来就不习惯走夜路的女红军，走起路来难免摇摇晃晃、磕磕绊绊。她们的双脚在经过成百上千公里的长途跋涉以后，正经受着难言的痛楚。长征途中，红军的药品并不充裕，即使是伤病员都不舍得用药。

爱美是女人的天性，哪怕是在艰苦的战争环境中也不例外。刚开始突围的时候，女红军们还是很在意自己形象的，即使走在队伍中，也会拿一把小梳子，时常拢一下散落下来的头发。到了宿营地，马上找个地方几个人凑在一起洗个澡。但随着红军进入白区，地形复杂，环境越来越艰苦，她们唯一的享受就是用热水泡脚了。

每到宿营地，女红军们总是先支起锅灶烧上一大锅水，热了以后打到洗脸盆里，再把酸痛的双脚泡进去，一边泡脚，一边聊天。温热的水使脚上的每一个毛孔都打开，酸痛和劳累顿时随着滚滚的热气飘散开来，那个惬意，那个舒服呀！没有经历过长途跋涉的人不懂得那种苦楚，同样，也体味不到这种苦尽甘来的舒畅。此时，是这些女战士们最欢愉的时光了。

刘彩香保护脚的方法和大家不太一样。一到宿营地，别人都累得躺在行李上懒得动弹，她虽然也累，却不急着躺下，而是绕着行李跑几圈，跳一阵儿，做一些简单运动，使紧绷的肌肉慢慢松弛下来，然后再去休息。这无疑就是朴素的运动科学，可惜连她自己当时也没有意识到。这些女红军绝大部分是第一次参加这种长途跋涉的行军，其中身体健壮的女红军，一人在护理三四个担架的同时，还要帮助其他人背行李、干粮和药箱。每到宿营地，男红军就像泥一样倒在地上一动都不想动。但是，这些女红军是不能倒下的，她们要先安顿伤员。急行军的间隙，她们还要在伤员们休息的时候，去村子里说服老百姓充当挑夫，补充那些中途损失的人。所有这一切都安排好以后，她们才能享受美妙的泡脚时光。

之后，捉虱子也成了女红军们烦心而又不得不做的一件事。彭德怀曾风趣地说过："无虱不成军，没有虱子的不算长征干部。"衣服里的可以自己捉，可长长头发里的就难以弄清，只得请人代劳。后来，大家都烦了，于是，有的女红军就让从小学过剃头的邓六金给推个光头，免去了许多麻烦。但女人光头毕竟不雅，她们就想办法给自己做各种帽子戴在头上。一些顽皮的小战士常常和她们开玩笑，趁她们不注意，从身后一把掀掉帽子，她们光亮的脑袋暴露出来了，那些战士们则哄堂大笑："快看，尼姑来了！尼姑也来闹革命了！"

最令人感动的是，参加长征的女红军中，还有一个小脚女人。她每次都躲开人们的视线悄悄来泡脚。因为她有一双与众不同的脚，她是真正的三寸金莲。她就是红九军团军团长罗炳辉的夫人杨厚珍。

杨厚珍生长在南方城市一个典型的贫民家庭。母亲在她四五岁的时候，就开始给她裹起了小脚。从小受封建家庭教育的杨厚珍，在嫁给罗炳辉以后，一直秉承夫道。参加革命之初，她并不是因为对共产主义的理解，而是出于对丈夫的支持，夫唱妇随而已。当她了解了罗炳辉的一些活动情况后，对丈夫说："我看近来各方面送来的'赤化'分子，你都释放了，有的还给他们饭吃；离家较远的，还给他们路费，穿得破烂的，还给他们衣裤……你说，天下穷人是一家，要替穷人找出路……我听了很钦佩，我能给你做点什么？"贤惠的小脚女人的一席话，深深感动了这位戎马

一生的云南汉子。刚开始，杨厚珍只是悄悄地在罗炳辉与中共方面的联络员谈话时为他们放哨。渐渐地，她发展到冒着生命危险担当丈夫和共产党之间的通信员。在罗炳辉举行吉安起义后，她也加入了中国共产党，跟随着丈夫的起义部队，一起上了井冈山。

杨厚珍到苏区后，投入如火如荼的解放区生活中，她才真正放开小脚，走上了中国共产党所指引的革命道路。这次全军大转移，像杨厚珍这样的小脚女人本来是不适合行军的，也许是考虑到她作为红军第九军团军团长罗炳辉的夫人，才破例被批准随队。能跟随丈夫、跟随大部队一起前进是幸运的，但征途中的艰难险阻需要自己克服，这样一双小脚也要走完二万五千里长路，这是长征史上的一个奇迹。

一路行军一路情

随红军主力部队出发的三十位女红军，没有一个中途退却的。

三十位女红军中，危秀英是出了名的小个子，大家都亲热地叫她“矮子”。然而，在长征路上，她却是抬担架最多、救人最多的一位女红军。

长征开始后，面对日益严峻和恶劣的局面，女红军们提出了一句口号：“不掉队，不带花，不当俘虏，不得八块钱。”当时部队有条纪律，如果有红军在途中跟不上队伍，就会被寄养在老百姓家里，组织上留下八块钱作为生活费。

为了便于统一行动，中央红军一出江西，便将女红军们集中起来，成立了一支由刘群先任队长、金维映任政治委员和党支部书记的妇女队，让她们自己供给自己，自己照料自己。由于条件的限制，组织上没有给她们太多的照顾，她们的待遇和男战士毫无二致，只是偶尔在她们患病或来例假时，有的人可能会骑几天马。

就是在这种情况下，女红军之间结下了深厚的战斗情谊，这种情谊是以生命为代价的。翻过老山界后，部队进入了云贵高原。邓六金发高烧、拉肚子，情况非常严重，连路都不能走了。大部队是不可能因为某个人而改变行程或者放慢速度的。连长征求邓六金的意见，是否把她寄放在老乡家里。邓六金连话都说不出了，但就是不肯拿八块钱。危秀英见状，主动向连长请求让她来照顾邓六金随部队一起行动。

一路上，危秀英将自己和邓六金的背包都背在身上，挽着极度体弱的邓六金，还削了个棍子让她支撑着。邓六金渴了、饿了，她就去找水，让邓六金就着茶缸一起啃几口冰冷的干粮。到了晚上，则打开仅有的半条毛毯，两个女人瘦弱的身子紧挨着，相互温暖。有几次，邓六金看到矮小的危秀英累得气喘吁吁，实在过意不去，含着眼泪说：“秀英，你走吧，把我留下，要死就死我一个……”危秀英毫不犹豫地回答："不！我们都不能死！革命还没有成功，只要我在，我就不能把你一个人留下！"这对红军姐妹，一个病、一个累，她们相扶相持，最后完成了二万五千里长征。

长征途中第一个婴儿

贺子珍在长征路上冒死生下的孩子，后来不曾再见过，终究成为她一生的痛。和她几乎同时在敌人的围追堵截和枪声中生产的，还有闽粤省委书记邓发的夫人陈慧清。但是，长征途中第一个生孩子的，却是一个叫曾玉的女红军。

曾玉本来不在长征名单中，但当她听说自己的丈夫、红五军团参谋长周子昆也在出征的行列中时，竟不管不顾地挺着七个月的大肚子悄悄跟在队伍后面，一路走下来，成了名副其实的"编外"成员。因为是"编外"，她没有口粮、没有装备，更没有马匹可以代步，她只是凭着一个女红军坚强的毅力和一个女人对丈夫发自内心的爱，紧紧跟随着大部队。曾玉的坚强和执着，深深打动了和她一同走在路上的其他女人们。蔡畅、邓颖超、贺子珍、李坚真、萧月华等人一路上对她照顾有加，匀一口饭给她吃，腾一个角落让她休息，更重要的是，既然已经走在一起了，就决不让她掉队。

一天，女红军们刚刚使出浑身力气爬上老山界峰顶，还来不及喘口气，就接到赶快下山的指令。大家连忙搀扶着往山下赶。这时，曾玉悄悄告诉钱希钧，肚子疼得厉害，好像要生了。看着疼得满头是汗的曾玉，钱希钧不敢怠慢，连忙去向团长董必武汇报，并找来一副担架让她躺了上去。可刚走不远，却遇到敌人袭击，胆小的民夫放下担架逃命去了。长征途中挑夫扔下货物或是担架一走了之是常有的事，钱希钧无奈地把曾玉扶上马，随着马的颤动，只见鲜红的血顺着曾玉的腿流下来，湿透了马鞍上垫的被子。曾玉只得从马上被扶了下来，后面的枪声越来越近，董必武叮嘱女红军们，一定要把曾玉带上，让她安全生产。经过一路的颠簸和惊吓，曾玉怎么也跑不动了，低头一看，只见孩子的头已经探出了她的身体。可怜的孩子，她哪里知道，一旦降临到这世界上，她就将永远离开母亲！

女红军们架着曾玉一步一个血印地朝前走，她们要找一个稍微安静和安全点的可以生孩子的场所。但茫茫山林中，不见一户人家，钱希钧只找到了一把枯草。几个女红军把曾玉围了起来，就在这把枯草上，长征途中红军的第一个婴儿降生了。婴儿哭声响亮，紧闭的双眼还来不及睁开，她的母亲就要被迫离她而去了。曾玉狠心地将她留在了出生的地方。因为这位年轻的女人不仅是母亲，更是一位战士，她知道部队的纪律，更知道部队面临的险恶处境。孩子的哭声还在继续，女红军们则架起欲哭无泪的曾玉继续赶路。

在那个艰难的战争环境中，女红军生下的孩子只能用毛巾或者白布一裹，内附一张纸条，放在出生的地方。那些放弃自己孩子的母亲是不幸的母亲，但同时她们也是世界上最伟大的母亲。

（本文选自《党史文苑》，有删节）

长征铁流劲旅中的巾帼英雄

文 / 邓六金

邓六金

1934 年 10 月的一天，我们来不及做什么准备就匆匆出发了，离开了革命红都瑞金，离开了那深深依恋的土地和人民。我们噙泪而别，踟蹰而行，一步三回头，深情地凝望那为之流血牺牲、奋斗多年的根据地。

刚出发时，我和王泉媛、钟月林、危秀英、陈慧清、李桂英、刘彩香等几名女同志被分在卫生部。贺子珍、康克清、邓颖超、蔡畅等是一些首长的夫人，她们分在一起。共计有三十名女同志。当时叫战略转移，卫生部带的物品较多，有药箱、担架，连 X 光机也带出来了，行动非常迟缓。由于我们转移属隐蔽行动，白天不能走，只能夜间行进。天公也不作美，连下阴雨，衣服湿透，道路泥泞，常常摔倒，只能在泥水里连滚带爬。走了一个多月，来到了湘桂边境。由于战事频繁，伤员越来越多，我又被调到担架连任政治战士，负责抬运和照顾伤员。

一次，我们在翻越一座大山时，遇到敌人飞机的轰炸，一个抬担架的民夫吓跑了。我看到一副担架孤零零地放在路边，另一个民夫在担架旁急得不知所措。而担架上是一位胸部负伤的团级干部。不能扔下伤员，我忘记了自己体弱有病，抬起担架就走。山很陡，我只得跪着爬行，膝盖磕破了，肩膀出了血，火辣辣地疼，但

不能停下，落下队伍是很危险的。下了山之后，我再也支持不住了，大口大口地吐血。民夫和担架上的伤员再也看不下去了，说：“女人干不得这个，还是找个男人来。”但荒天野地，去哪里找男人？我吐完血，抬起担架继续追赶队伍。在长征路上，像我一样抬担架的，还有好几名女同志。

照顾伤员也是一件很难办的事。由于缺医少药，一些伤员不能得到及时的救治。我们以女同志特有的细心和耐心，精心地护理伤员，帮他们擦洗伤口、换药、喂饭。一些伤得轻的，拄着拐棍自己还能走一段，有的重伤员，根本就离不开担架。如钟赤兵同志，原是一位很优秀的团长，在战斗中被打断了一条腿，他非常顽强，是在没有麻醉的情况下截肢的。周恩来副主席指示我们，一定要将他抬走。钟赤兵同志是被我们抬着走完长征的。伤员同志除了要忍受伤痛的折磨，还常常忍饥挨饿。我们除了要护理伤员，还要筹措粮食。有时筹不到粮食就得饿肚子。

在长征中，我们女同志还要克服生理上带来的麻烦。爱美是女性的天性。由于连连征战，我们一个个衣衫褴褛、蓬头垢面，头上长满了虱子。一到宿营地，有空就捉虱子。我们嫌麻烦，干脆剪成光头。休息时，一些调皮的红军战士偷偷将我们的帽子揭掉，大喊“尼姑，尼姑”，取笑我们。长征途中，有几名女同志还经受了分娩的痛苦和磨难。周子昆的爱人曾玉是第一个遭受这种苦难的女同志。她是1928年参加湘南暴动的共产党员，曾随毛主席、朱德参加了创建井冈山革命根据地的斗争。在江西苏区时就已怀孕，长征出发时本没有她，她是怀着身孕偷偷追上红军长征队伍的。一路上，我们精心照护着她。翻越老山界时，我见她走路很吃力，就搀扶着她爬山。爬过山不久，她就生产了。没有吃的，我们就采来豌豆苗熬汤给她喝。蔡畅大姐知道后，把自己仅剩的一点小麦面拿来放在豌豆苗里一起熬面糊给她喝。在长征路上生产分娩的还有贺子珍、陈慧清。而最遭难的要数贺子珍大姐了。她生产后不久又遇到了一次空袭。那天傍晚，我们正在一片树林里休息，敌机来了，我们赶忙跑到路边的沟里躲避。一颗炸弹正好落在贺大姐身边爆炸，贺大姐倒在血泊里。我当时离她只有一米多远，赶忙跑过去，只见贺大姐遍体鳞伤，脸色苍白，不省人事，我们赶快组织抢救。这时，毛泽东同志赶来了，他俯下身，深情地注视着妻子。我们在一旁不禁落泪。毛泽东同志把他自己的担架留下来，给贺子珍大姐用。事后我们得知，贺子珍大姐身上中了十七块弹片，一直到后来去世，脑颅里仍残留着几块弹片。邓颖超大姐在江西苏区时就患有肺结核，身体极度虚弱，一路上也吃了不少苦。

长征路上，我们与千千万万的红军一样，爬雪山，过草地，冒酷暑，蹚江河；

啖草根，嚼树皮……历尽艰辛，经受了生与死的考验。在翻越第一座大雪山——夹金山时，只见满山遍地全是雪，连棵借力爬山的草都没有，常常走一步退两步。山上空气稀薄，憋得战士们脸发青，我亲眼看见一个个战士倒下去后就再也没有爬起来。下山时，我再也坚持不住了，往地上一躺，滚到了半山腰，才爬起来跌跌撞撞地赶路。过草地也如此，千里草地就像一块大“魔毯”，一时乌云翻滚，一时又大雨倾盆，好像随时要把我们吞没似的。草底下是一片终年不干的积水，河沟交错，泥潭深不可测。水像生了一层红锈一样，散发着腐臭气味。走路得寻着草根，要不然陷进泥潭，很快就把你吞没。我们在草地上摇摇晃晃地走了一个星期，才走出了草地。

长征时期艰苦的生活、恶劣的环境，既是对一个革命者生死的考验，也是信念与意志的磨炼。当时我们抱定了一个信念——跟着共产党走，为共产主义事业奋斗到底。

我们三十名女同志，除了三名同志途中留在当地开展革命工作外，其余二十七名同志都走完了二万五千里长征。尽管我们这些姐妹后来有的客死异乡，有的漂泊流离，与党失去了联系，但她们中没有一个叛党变节的，至死保持了对党的忠诚，保持了一个革命者崇高的革命气节和坚强意志。她们不愧为二十世纪中国女性的杰出代表。

这三十名女同志，健在的尚有九名，她们是：广东的谢小梅、廖似光，江西的王泉媛、危秀英，南京的李桂英，北京的刘英、谢飞、钟月林和我。

（本文写于 1996 年 9 月 25 日，选自《人民日报》，有删节）

是女性，更是战士

口述 / 杜永莲　整理 / 汤润清　徐国栋　解丽达

红军给了我名字

我的家乡在四川省南充市南部县南山坪村。十一岁那年，爹死了，哥嫂分家另过，弟弟才八岁，一家孤儿寡母。我长到十五岁，家里断了粮。娘狠狠心，把我卖做童养媳，偏又遇上个恶婆婆，打骂成了家常便饭。

1933 年，婆家那里成立了苏维埃政府，让我们老百姓吃上了饱饭，分到了粮食。后来红军撤走了，白军又来了，家里又断了粮。我偷偷跑回娘家，对我妈说："我要当红军，参加苏维埃。"

直到 1935 年，听说附近来了红军，而且听说还有个女红军团，（我便）赶紧去报名。记得当时的妇女队长姓何，二十多岁，一看就是个知识分子。

她问我叫什么名字。我哪有名字啊！我们女人那时候就一个小名，连姓都没有，女孩子嫁了人就跟丈夫姓。我说我叫阁儿，她又问我："你姓什么？"我实在不想说婆家的姓，一咬牙说我没有姓。妇女队长说："那我给你安个名字吧，你有兄弟吗？兄弟叫个啥？"我说有个哥哥叫杜云海。妇女队长就拿笔写了三个字。我赶快问："我叫什么名？"妇女队长说："叫杜永莲。"我说怎么是个男娃的名，妇女队长说："男女平等。"

参军头一天，我哭了三次

有了名字，我请了三天假，我要回去告诉娘，红军给我取了个好名字。可第三天我返回后，红军却不见了。哎呀！红军怎么不等我！我想，我要走回头路了，又要饿死了。想着，我的眼泪一串串地往下流。

可转念一想，不行，我一定要找到红军，我要跟红军走！擦干眼泪，我就去找赤卫队，问赤卫队队员红军什么时候走的。他们回答是昨晚。于是，我就顺着山梁走，边走边打听，一天没吃没喝。一直走到两棵大白杨树下，见到老乡们在树下乘凉。他们告诉我，山下有一个大瓦房，瓦房周围都是竹子，红军就在那儿。“谢谢，谢谢！”说着，我的眼泪又落下来了。

到了山下，我找到了瓦房，一进门，看到几个熟悉的红军在吃晚饭，就问：“你们怎么不等着我？”他们认出了我，连忙端给我一大碗米饭，里面还有酸菜炒猪肉。我端着饭碗，忍不住哭出了声，说：“我是吃萝卜丁长大的，过年都没吃过大米饭！”一位女红军赶紧走过来安慰我：“杜永莲，别哭了，咱们都是穷人家的孩子。”吃过饭后，他们给我换上了新衣服，还剪了头发，然后带我一起上路。从那天起，我对生活有了新希望。

我受了伤，头发全剃光了

我这人命大，自从当了红军走上长征路，“死”了好几回。那时候，我们女红军中有句话：“不掉队，不戴花，不当俘虏，不得八块钱。”因为当时对待生病、负伤、实在走不动的人就是每人给八块光洋，寄养在老百姓家里。

当上红军后，部队开大会分工。我想当炊事员，可以吃饱啊。可当炊事员要身体壮、个儿高的。我插在人缝里，怕让我讲话。结果就让我当了护理员，给伤病员们喂汤喂水、端屎端尿，叫去抬担架就去抬担架。

有一次连队从江油到成都去给伤员背粮食，连长见我个子小，让我随先头部队先走。走到半路上遇到给我取名字的妇女队长，赶快停下说话。一会儿县委书记骑着马过来了，我们三个人站在一条羊肠小道上说话，我身后是一条河。这时过来一个人，冷不防一挤，我仰面朝天掉进了河里，头磕在河堤上一块大石头上，当场不省人事。直到半夜我才醒过来，一摸脑袋才知道头发被剃光了，缝了五针。第二天天一亮，我马上挣扎着起身又随部队去驮粮食了。

“给我酒啊，我要喝酒！”

过铁索桥、过草地，又“死”了两回。

过铁索桥，一个班一个班地过，一个人一个人地过。铁桩子打在地上，铁链子缠在上面，上下来回地颠簸，一踩一歪，眼看着摔下去了好几个。我战战兢兢手脚并用地走到了桥中央，两手扒着铁链子，往下一看：桥高高地悬着，水滔滔地流着。一下子晕了，蹲下身抱着铁索大喊：“你们快来救我啊！”“你把头抬起来，不要看下面。”一个老战士一边喊一边向我靠近，刚到跟前我便一把抓住他的肩膀，铁索猛地一颤，两个人差点一起摔下去。想想真后怕呀，不是怕自己死，而是担心为了救我，差点让另一个同志牺牲了。

过草地时，我突然得了伤寒，身上一阵冷一阵热。迷迷糊糊的，我还在想，

千万别给我八块大洋啊，我宁愿死在路上。于是冷了我就喊：“给我酒啊，我要喝酒！”战友看我这个样子，赶快给我找来一瓶酒，我“咕咚咕咚”一口气灌进肚里。不一会儿，身上就热得像火炭。于是我又喊：“给我水啊，我要喝水！”战友们马上又端来一大碗水，我又“咕咚咕咚”喝了下去。说来奇怪，一折腾，我的病竟然好了。

哪有个女人样子啊!

长征路上没有“女人”

如今我也算有儿有女、子孙满堂了，真是托共产党的福啊。我和老伴是后来在延安认识的，他不是红军，是从武汉大后方投奔延安的。成家后，组织上先是安排我到延安党校医务室做了一名护士，接着又保送我上党校，从此过上了一个女人应该过的正常生活。

可是想想长征那时候，活得哪有个女人的样子！记得刚参军那会儿，在背粮的路上遇到县委书记，我过去打招呼，他问我：“你是谁呀？”我说：“我是杜永莲啊”。县委书记说：“怎么变成这个样子了？”后来我才知道自己当时的样子都让人认不出来了：脸多日不洗，原本白净的皮肤变成灰黑色，头发又干又乱，像一蓬枯草；人瘦得只剩一把骨头，走起路来就像是魂在飘。

其实，那时我们女红军个个都一样，根本不把自己当女人。男人干的活我们全干：背粮、打仗、抬担架；男人干不了的活我们也来干：照顾伤员、发动群众搞宣传……

（本文发表于 2006 年 10 月 8 日，选自《河北日报》，有删节）

悼念百岁女红军：陈琮英大姐，走好！

文/蔡庆新

陈琮英

2003年5月31日下午3时38分，中国工农红军女战士陈琮英大姐走完一百零二岁的生命历程，静静地去了。

坚强执着的女战士

陈琮英是任弼时的夫人。她自幼丧母，父亲又长年在外，是随兄嫂长大的。因为长辈的姻亲关系，她和任弼时结了"娃娃亲"。二十四岁的陈琮英在步入神圣婚姻殿堂的同时，开始受到任弼时的影响，投身革命。这一年，在丈夫的介绍下她加入了共青团，并开始做秘密交通和油印文件等工作，义无反顾地融入任弼时的事业与生活中。

1928年，陈琮英大姐有了第一个女儿苏明。然而，丈夫的不幸被捕，一下子将她的生活撕得粉碎！这年秋，任弼时奉命去安徽巡视，不幸在南陵被捕。装扮成商人的任弼时没有暴露身份，只说是长沙伟伦纸庄来收账的，而伟伦纸庄的老板是陈琮英家亲戚。党中央立即组织营救，由陈琮英出面。按照营救部署，陈琼英得从上海赶往长沙坐镇伟伦纸庄，以备敌人对质。哪知赶到火车站才知道当日车票已售完。陈琮英心急如焚，为了抢时间，情急中不顾一切地抱着襁褓中的女儿，爬上了一辆拉煤的敞篷货车车厢。深秋寒夜的风，无情地抽打着蜷缩在车厢角落的陈琮英和女儿。手脚被冻僵了，摇晃的车厢还不时地将小煤块甩向她们。尽管陈琮英紧紧地抱着女儿，但终因孩子太小，不堪风寒，引发肺炎而夭折。终于，任弼时得救了。

然而，打击再次袭来。任弼时获救不满一年，在上海再遭逮捕。1929 年 11 月 7 日，当时担任中共江苏省委常委的任弼时，准备去公共租界华德路竞业里参加江苏省团委扩大会。像平时一样，他行前告诉陈琮英："我 12 点钟左右回来吃午饭。"说罢，匆匆出门。然而，直到第二天清晨，仍未见人影，地下工作的经验和直觉告诉陈琮英：肯定出事了！陈琮英急匆匆赶到党中央机关。果然，李维汉操着一口浓重的乡音心情沉重地告诉她，任弼时被捕，组织正在设法营救。

任弼时这次被捕，先被押在上海闸北路捕房，后转押汇山路捕房。受审时，他化名彭德生，自称由江西来沪谋职，因投亲地址不详，被误捕。由于他严格遵守地下工作纪律，身上除了一张电车月票外，别无他物。敌人抓不到证据，恼羞成怒，残酷地施以电刑。任弼时坚贞不屈，严守党的机密。后来，捕房以"危害国家安全罪"拘留他四十天，关押在工部局提篮桥监狱。任弼时被捕后，周恩来亲自布置特科全力营救。一个多月后，陈琮英终又把丈夫盼回了家，抚摸着任弼时脊背上未愈的电伤，默默地抹去涌出的泪水。

1931 年 1 月，中央政治局决定派任弼时到中央苏区工作。那时，从上海到中央苏区有一条秘密交通线，很绕——从上海出发，取道香港、汕头赴潮州，改乘小火轮沿韩江北上，到大埔，先进入闽西苏区，再转中央苏区。路途漫长而危险，此刻陈琮英大姐即将临产，实在无法随行，任弼时只得只身前往，留下陈琮英在上海待产。

这是他们婚后第一次分别。看着瘦弱矮小的妻子挺着大肚子的艰难样子，任弼时很是心疼，他安慰陈琮英说："别害怕，要坚强，孩子生下后不论是男是女，我们都叫他'远志'吧，希望他有远大的志向！"1931 年 3 月 12 日，任弼时离开上海七天后，陈琮英生下女儿"远志"。出院后不久，组织上安排陈琮英带着女儿住到当时中共中央政治局主席向忠发家。

这年 4 月下旬，协助分管党的保卫工作，握有大量中央核心机密的顾顺章叛变。情况十分危急，周恩来获悉国民党当局准备以突然袭击的方式将中共中央机关和领导人一网打尽。在陈云的协助下，周恩来果断、迅速地采取措施，一夜之间，中共中央秘密转移了。转移中，陈琮英抱着女儿被安排和杨淑珍在一家新开的小旅馆住下。非常时期地下工作的纪律要求：不许随便外出，更不许他人留宿。6 月 21 日晚上，向忠发离开他的住所，来到这家旅店找杨淑珍，声称待一会儿就走。但到了深夜 12 点，陈琮英敲门催他走，他却说明天再走。谁知次日早上，向忠发一离开小旅店就被捕，随即叛变，并出卖了陈琮英。

陈琮英被捕了，被关押在龙华监狱，怀中抱着百日左右的女儿。铁窗中的陈琮英沉着、坚贞，毫不畏惧，不论敌人怎么审问，她就是一口咬定是农村妇女，什么也不懂。问急了，就掐一把孩子的屁股。女儿一哭一闹，敌人就不耐烦了，审讯只好不了了之。半年后，在“互济会”出面营救下，陈琮英抱着女儿安全出狱。党中央安排她去中央苏区。为此，陈琮英把女儿从上海送回到湘阴老家托付给婆母抚育，自己只身奔向苏区。

1932 年 3 月 8 日，在福建长汀，陈琮英与丈夫重逢了。在江西瑞金苏区，陈琮英的政治生活和革命生涯开始了新篇章——她由邓颖超、蔡云湘介绍加入了中国共产党，同时在中央机要科工作。

长征路上的女红军

1933 年 5 月，任弼时被派往湘赣苏区工作，担任湘赣省委书记兼军区政委。陈琮英随同前往，在湘赣省委机要科工作。第二年 7 月，中央苏区第五次反“围剿”完全陷入被动，中央训令任弼时等率领红六军团撤离湘赣苏区，转移到湖南中部发展游击战争，创立新的苏区，并同活动在贵州东部贺龙领导的红三军沟通联系，吸引敌人改变部署，辅助中央苏区反“围剿”作战；同时，也隐藏着为准备转移的中央红军进行多方探索的任务。

1934 年 8 月 7 日，在南国暑热蒸腾中，任弼时等率军突围西征。这时，陈琮英大姐刚刚生下男孩“湘赣”不足半年，面临戎马征战无法预测的艰难险阻，她必须作出抉择：要么随军西征；要么和儿子留在当地，二者不可得兼。最终，为了追随丈夫革命，她不得不把儿子留在老乡家抚养。两年前，她和女儿远志分别，虽然怀着那份揪心的不舍，但女儿到底是留给了亲人，留在了家乡啊！如今，大军西去，留在乡亲们中间的儿子显然是凶多吉少，敌人在苏区的烧、杀、抢、掠，可想而知的残酷。而事实正是这样，从此，湘赣和许许多多当年红军撤离时留下的子女一样，音信杳然。

红六军团是1934年10月24日在贵州东部印江木黄与贺龙会师的。为完成中央和军委赋予的战略任务，他们历时近八十天，连续行军作战，跨越赣、湘、桂、黔四省敌境五千余里，突破几倍于己的优势敌军包围、堵截和追击，艰苦异常，而最艰难的一段路是转战梵净山。

当时的梵净山是人迹罕至的深山老林，几千人的部队给养成了大问题，战士们缺衣少食，赤脚行军。偏偏此时，任弼时患了疟疾，身体极为虚弱，只好躺在担架上指挥。后来，由于山势陡峭，山路狭窄，不但担架无法使用，就连骡马也常失蹄坠落山崖。任弼时只好由警卫员搀扶着艰难移行，队伍也零零落落。负责机要工作的陈琮英背着密码不离任弼时左右。由于饥饿、疲劳，渐渐地，瘦小的陈琮英步子越来越拖沓，行走速度越来越慢了。终于，她掉队了。当她赤着脚倚在一棵大树下喘息之际，被负责宣传和收容的陈罗英发现了，连背带拖地带她赶上了军团部的行列。

1936年6月底，任弼时、贺龙统一领导的红二、六军团胜利渡过金沙江，翻越数座雪山之后，在川西北同红四方面军的接应部队会师。7月初，红二、六军团齐集甘孜，奉中革军委命令组成红军第二方面军，任弼时任政治委员。不久，为了同张国焘的分裂活动进行斗争，促张国焘北上，按朱德的意见，任弼时即随朱德同张国焘一起行动。

这一段时间，陈琮英大姐随任弼时和红四方面军指挥部一同走过长征中后世闻名的草地。

过草地，对陈琮英而言更比其他人不知艰难多少倍——她临产了。一天，部队刚刚蹚过一条齐腰深的河，孩子就迫不及待地要见天日了。同志们为她找到一处当地藏族同胞居住的二层木屋，底层本是牲畜栖息之所，上层才是正式住屋。可是通向上层的木梯极其简陋，直上直下，别说即将临产的陈琮英，就是一般人上下也得四肢并用。没有办法，大家只好收拾一下底层将她安顿下来。随着一声婴儿的响亮啼哭，一个健康的女婴来到人世。陈琮英与任弼时欣喜之极。他们给女儿起了一个极富意义的名字——“远征”！

远征的到来，却也令衣食无着的母亲心急，每天只吃野草根的陈琮英大姐哪里还有一滴奶水喂给嗷嗷待哺的小女儿！这时，朱德总司令想到一个好主意——去草地中的水塘钓鱼。他亲自钓鱼，亲自煮鱼汤，鱼汤煮好他又亲自盛起，大声地喊：“月婆子，月婆子，汤来啦！”陈琮英大姐和女儿远征从这没盐少油的白鱼汤中获得了生机。多少年后，陈琮英还经常和人们叨念朱老总的那声声呼唤！而远征长大

任弼时和陈琮英在延安窑洞前合影

后，一直亲近地称朱总司令“爹爹”！

1937年，七七事变，全面抗战爆发。不久，陈琮英与丈夫再度暂别。身为八路军政治部主任的任弼时和八路军总指挥朱德等率八路军开赴山西抗战前线，陈琮英则再度回老家湘阴，把远征送到婆婆身边，自己又返回延安。

1938年春，奉中央指派，任弼时将赴苏联担任中国共产党驻共产国际代表团负责人。此番远行，任弼时偕妻子同往。十几年生活在任弼时身边，十几年革命工作的锻炼，耳濡目染，陈琮英大姐在气质上有了很大的改变，昔日的湘妹子已成长为一个坚强的女战士。在莫斯科，任弼时活跃在共产国际舞台上，紧张、繁忙。陈琮英边在党校学习，边照料任弼时的生活、抚育1938年12月在莫斯科出生的小女儿远芳。1940年2月25日，根据中央决定，任弼时结束了在共产国际的工作，启程回国。为了革命事业，他们又一次面临与女儿的离别。不同的是，这次他们把女儿留在远离祖国的莫斯科国际儿童院。面对又一次的骨肉离别他们是什么心情呢？两个女儿在老家，儿子生死不明，小女儿就进了“保险箱”吗？

3月，他们回到延安。任弼时很快进入到党中央的领导行列，工作繁忙是可想而知的，陈琮英大姐也恢复了她一向从事的机要工作，担任任弼时的机要秘书。此后，在延安他们度过了几年相对稳定的日子。

（本文选自人民网，有删节）

叶冰：长征中雪山草地背粮走

口述/叶 冰 整理/梅世雄 徐壮志

岁月悠悠。当年一头青丝的背粮女战士已是满头华发的红军老战士，回首往事，时年八十九岁的叶冰依然充满激情："虽然苦，但充满希望！"

1933年3月，红军宣传员来到了叶冰的家乡——四川通江县空山巴坝村。"宣传员说，'当红军就能打土豪，就能解放穷人'，我一听，很兴奋，就参加了红军。"老人回忆说。

十八岁的叶冰在红军中的第一份工作是红四方面军保卫局勤务员。

1934年6月，红四方面军组建妇女粮秣队，叶冰和其他三百多位姐妹一起负责筹集粮食、盐等物资。

1935年3月29日，妇女粮秣队按上级要求把粮食运到红军准备西渡嘉陵江的出发地——塔子山边，并做好了渡江准备。

29日晚9时左右，叶冰等登上木船、竹筏，向嘉陵江西岸急驶。不一会儿，队伍被对面的敌人发觉了，射来密集的枪弹。有的船被打穿，摇摇摆摆地下沉。

老人回忆说："有水性的同志跳下船，泅水过江，我们这些不会游泳的，就把衣服脱下来，堵住漏洞。"

"有的同志负伤了，有的牺牲了。天亮时，我们在前卫部队的支援下，终于过了江。"同许多红军战士一样，叶冰当时并不知道，从渡江的那一刻起，她们已开始长征。

强渡嘉陵江后，妇女粮秣队面临的首要问题是如何突破天险——剑门关。剑门关是四川的门户，只有一条小道穿过主峰。

叶冰回忆说，在前卫部队掩护下，她们贴着石崖一步一步向上攀登。"背这么重的粮食爬这么高的山，我们这些女战士都是第一次。"

当时为了鼓劲儿，她们还自编了不少顺口溜，“比如拐弯的时候，前边人喊‘慢转十字拐’，后面的应‘前摆后不摆’；登陡岭时，前面喊‘陡上又加陡’，后面就应‘越陡越好走’……”。

那时已是初夏时节，太阳毒辣，一些缠过足刚放脚的女兵，脚踝都走肿了。

当然，在叶冰的印象里，最苦的要数伙夫。部队休息时，她们要挖灶架锅，挑水做饭；爬山时她们走在队伍前面，每遇敌机轰炸，她们不是用锅作掩护，而是用身体掩护锅。

叶冰回忆：“一次，一位外号叫‘虱子’的小鬼对胡桂英姐姐说，‘胡姐，你真是傻瓜，不藏在锅下面，却趴在锅上面，你的肉能赛过锅吗？’胡姐说，‘小鬼，把锅打破了，你啥都没得吃。’”

回忆长征中的背粮历程，叶冰认为，最艰难的还是翻越夹金山。那一次，她背的粮食有六十多斤，几乎赶上了她的体重。

在夹金山脚下，鼻子、嘴被太阳晒得像要冒烟似的；还没爬到半山腰，就狂风骤起，雪屑打在脸上像刀割一样。

“很快，豆大的冰雹也下了起来。当时，我身上只穿着单衣，双脚裂开了很多口子。”叶冰说，“简直比剑门关还难！”

第三次过草地时，叶冰被调入红四方面军医院当护士。“过草地是一次比一次苦。那个时候，我还不知道是三过草地。我就不明白，为什么草地那么大，永远走不完？”

叶冰说，那个时候伤员太多了，不光是炸伤的，还有冻伤、饿伤的。

由于药品极其匮乏，给伤员治疗时，一般是用盐水就着当地的一种黄纸，贴在伤口上。许多伤员的伤口不仅流脓、流血，而且长了蛆。有时一个伤员身上的蛆能装满半个脸盆，咬得伤员直哭。“我和战友们就用草熏，有时把伤员给熏哭了。长征路上的看护实在不容易。”

行军途中没有肥皂，叶冰洗衣服时，只是把衣服放在水里揉揉，然后穿在身上，靠太阳和体温把它弄干。身上的虱子特别多，战友们互相捉虱子，放入火里烧。叶冰对火烧虱子时发出的声音至今都忘不了。

走出草地，与中央红军会师后，组织给叶冰发了一件羊毛棉衣，“当时激动得不行。”叶冰至今记忆深刻。

抗日战争期间，叶冰一直在延安国际和平医院工作，还当过加拿大医生白求恩和美国医生马海德的助手。

中华人民共和国成立后，叶冰随丈夫到了新疆。目前，她在江西吉安的红军院里安度晚年。

（本文发表于 2006 年 8 月 22 日，选自新华网）

萧华将军夫人、红军长征宣传员王新兰

口述 / 王新兰　整理 / 柳秀文

一个美丽端庄的女性、一个叱咤风云的战士是如何在王新兰的身上实现了完美的统一的？

传奇经历——九岁参加红军，三过雪山草地

王新兰 1924 年出生于四川宣汉。她的叔叔王维舟是她走上革命道路的启蒙老师。王维舟早在中国共产党成立前夕的 1920 年 5 月，便加入了旅华朝鲜共产主义组织。1923 年，王维舟在家乡创办了第一所新式小学——宏文小学。五岁的王新兰被父亲送到这所学校读书，她在这里不仅学习文化知识，也受到了革命启蒙教育。1932 年 10 月，红四方面军入川。在红军打下宣汉县的那一天，王新兰第一次看见了神气的女红军战士。她们腰上别着盒子枪，又刷标语，又教人们唱歌：

哥哥当红军，弟弟要同行。莫说我年纪小，当个通信兵。莫说我个子矮，几年就长成人。长个高大汉，扛起枪打敌人。

几十年后的今天，王老对这支歌曲仍然记忆犹新。她回忆起当年对那些女兵的羡慕之情，她说看到这些女兵，当时心动了一下，这一心动便埋下了要当兵的种子，这粒种子很快有了发芽的机会。九岁那年，她跟着姐姐找到了红四军政治部主任徐立清，磨来磨去王新兰终于穿上军装。她说："穿上专门为我做的一套小军装，戴上红五星八角帽，别提心里多高兴了。我被分配到了红四方面军宣传委员会，后来红四方面军成立宣传队，我就当了一名小宣传员。天天跟着老同志学识简谱、吹笛子、吹箫、打洋鼓……我和其他队员每到一个村子，用门板、凳子搭舞台，上演的大都是反映革命翻身求解放的戏剧。"

1935 年 3 月 30 日晚，这是王新兰永远不会忘记的日子。就在这一天，不满十一岁的她踏上了万里长征路。

她所在的部队，先是渡过嘉陵江，背后是密集的枪炮声。开始她和战友们一起做宣传，也帮助医疗队救助伤病员。但是不久王新兰患上了伤寒，只能用棍子支撑着往前走。终于在一天早上王新兰支撑不住栽倒在地上，不省人事。宣传队的一位大姐抱着一线希望，把饭嚼烂，掰开她的嘴喂了下去。几天之后，她又奇迹般地睁开了眼睛。

在关于长征的故事中，我们听得最多的就是红军爬雪山、过草地。但是怎么会想到，小小的王新兰竟然会三过雪山、草地！1935 年 6 月，王新兰第一次随部队来到雪山。在攀登雪山的当天凌晨 3 点，她们宣传队的队员们就起床了，把所有的衣服都穿在身上，用布把脚裹好。为了御寒，每人还喝了一碗辣椒汤。然而，当他们刚刚走到山脚下，就领略了大山的淫威。地面冻得硬邦邦的，棍子杵上去便铛铛响。其实这还仅仅是开始，当他们走到山腰，肆虐的山风像刀子一样割在脸上，浑身都冻僵了。王新兰忍受着痛苦，在指导员的带领下在山口搭起宣传台，用竹板鼓舞战士们的士气："同志们，加劲走，赶快穿过大风口。莫歇劲，莫逗留，'三不准'要记心头。累了不准地上坐，坑洼里的积水不能喝。不准大闹大步跑，互相帮助都走好。红军战士英雄汉，定能征服大雪山。"

8 月下旬部队开始过草地。谈起过草地的经历，王老感觉仿佛就在昨天。她说："我背着一双草鞋、一条线毯，拄着小棍，紧紧跟着前面的同志，踏着他们的脚印，一步一步挪动。由于进入草地前没有筹到多少的粮食，因此在草地休息时，我们就四处找野菜，然后七八个人用一个脸盆煮，撒上点粮末，每人盛上半缸子，用草棍往嘴里拔着吃……"

一天，王新兰栽倒在草地上再也无力爬起来，是队长用自己舍不得吃的一点炒面救了她的命。王老说，进入草地的第四天、第五天是最难熬的日子。泥泞的水潭，加上部队断粮，两腿就像灌了铅一样，一脚踩下去就很难再拔出来。晚上的草地更难熬，又冷又饿，大家只好背靠背坐着，还是冻得不能入睡。指导员就把野草点着让大家取暖，带着大家唱歌、跺脚、搓手，想尽办法抵御严寒。经过七八天的生死搏斗，他们终于走出了草地。

由于张国焘的分裂主义，红四方面军的将士经历了三过草地的艰苦历程。9 月中旬，王新兰所在部队两过草地。时值深秋，无衣无食，加上部队刚过了一次草地，又经过包座、松潘两次苦战，已疲惫不堪。他们几个小队员每人拄一根小棍，闷闷地跟部队走着，谁也不说话。王新兰说："第三次过草地是最艰苦的一次。走到草地时粮食都快吃光了，而且前两次过草地，能够吃的野菜和菜根都挖光了，是指导员在最困难的时候，给我们每人一点点炒面，帮我们拉紧毯子，才让我们这些小红军活了下来。”

1955 年萧华与夫人王新兰

永远的丰碑——《长征组歌》

中国音协组织评选二十世纪经典音乐时，《长征组歌》榜上有名。此次采访王老，《长征组歌》是一个绕不开的话题。这不仅是因为组歌词曲的魅力，更是因为它记录了一代人永远抹不去的长征情结。而作为长征中的“红小鬼”、萧华将军的夫人，王老对《长征组歌》的深情厚谊是任何人也无法替代的。她告诉我，中华人民共和国成立后，萧华的工作一直非常紧张，经常加班，没有多少业余时间。1963 年 12 月，中央军委决定由当时任副主任的萧华全面主持解放军总政治部工作。1964 年 9 月，他被正式任命为解放军总政治部主任。萧华喜欢读书，在战争年代，部队只要一休息，他就抱一本书看，而且是博览群书。中华人民共和国成立后有条件了，家中简直就是一个文库。1965 年是红军长征胜利 30 周年，许多文艺单位多次约他写些有关长征的作品，萧华心动了。其实早在云阳镇，他就对王新兰说：“真不敢相信你走了三次雪山、草地，却没有被它们吃掉。把长征写成书能够震动全世界。”王新兰当时鼓励他说：“你写嘛。”萧华说：“等将来吧，如果打仗不死，能活到将来的话。”现在他终于等到了机会。

王老说：“萧华创作《长征组歌》非常不容易，他那时候身体有病，体重一下子掉了十几斤，转氨酶几次升高。但他想起了牺牲的战友，他是一字一泪，用心、用

血，一字一字刻出《长征组歌》的。那是真正的呕心沥血之作。我跟他在一起几十年，从没有见过他流眼泪，可写《长征组歌》，他流泪了。有一次，他给我讲起了一段战争经历。那是他的一个师长，打仗负了重伤，临死前，（师长）把他的手握在自己手里说：‘小弟弟，希望都留给你了，一定要把国民党消灭干净，等胜利了再来看我。’正是他对红军战士的这份刻骨铭心的情感，让他创作了这部《长征组歌》。”

在写组歌时，萧华将军曾问王新兰：“你长征中最大的感受是什么？”王新兰说：“一是觉得怎么路那么长，总也走不完；二是总是感觉饿；三是冷，除了雪山就是草地。”萧华听了后说她概括得很准确。他后来对自己的孩子们说，《长征组歌》中《过雪山草地》中的前四句，“雪皑皑，野茫茫，高原寒，炊断粮”，应该归功于他们的母亲，因为她三过雪山、草地的经历让这几句一下子从自己的脑子里蹦了出来。

创作《长征组歌》用了不到两个月的时间，组歌本来是十二段，即：《告别》《突破封锁线》《遵义会议放光辉》《四渡赤水出奇兵》《飞越大渡河》《过雪山草地》《到吴起镇》《祝捷》《报喜》《大会师》《会师献礼》《誓师抗日》。后来谱曲时用了前面十段，因为后面两组反映的是长征后的事情。萧华从毛泽东诗词《七律·长征》中取了第一句，将组诗定为《红军不怕远征难》，其后全称《长征组歌——红军不怕远征难》。组诗经过近十次的修改，于 1965 年 5 月初，战友歌舞团开始排练《长征组歌》，同年 8 月 1 日，《长征组歌》在北京公演，并立即引起巨大轰动。毛泽东、周恩来、邓小平等党和国家领导人对《长征组歌》给予了极高的评价。一时间，大街小巷，机关、学校、厂矿……人们热情学唱《长征组歌》，这样空前的盛况留在每个人记忆的深处。

在《长征组歌》排练时，周总理看过。他凌晨 3 点给萧华打来电话，第一句话就说：“萧华同志，谢谢你，为我们党、我们人民做了一件大好事！”萧华手握听筒激动得半天说不出话来。周总理十分喜欢《长征组歌》，生前看过十七次。有时中央在外地开会，周总理总是让王新兰去。王新兰问为什么。他说：“咱们对唱《长征组歌》呀！”王老告诉我，周总理从头到尾都会唱，一个字都不差。后来周总理生病在弥留之际还要听《长征组歌》的录音。当年许多插队知青后来告诉王老，他们在最艰苦的日子里，是《长征组歌》给了他们生活下去的勇气。革命文艺带给几代人的影响是不可估量的。

我问王老：“萧华将军的《长征组歌》百听不厌，脍炙人口，直到现在很多人还会唱。那么我们今天的年轻人应当怎样来理解这样一部二十世纪的经典作品呢？”王老说：“萧华写这个组歌的目的是想表现中国共产党领导的部队是怎样历尽千辛万苦，历经十几个省到达陕北的，长征在世界历史上都是空前绝后的。把这个过程告诉后代，希望后代知道长征精神，知道长征的胜利是毛泽东的政治路线确立之后的胜利。告诉年轻人，学习长征，就是学习前辈为了理想和信念团结一致，英勇奋斗，不怕苦、不怕流血牺牲的精神。”

最后，我问王老：“长征时，您那么小，三过雪山草地居然能够坚持下来，靠的是什么精神？”王老说：“是革命的乐观主义精神！”闻听此言，我感到这句话字字重千斤。革命的乐观主义精神，它包含了太深邃的内涵。为了理想和信仰献身，为了中华人民共和国的建立而奋斗，这便是他们那一代人无怨无悔的选择。而且只要选择了，就永远不会改变。联想到今天的年轻人喜欢讲唯美、讲浪漫，我认为长征红军是革命浪漫主义的典型，他们是最美的人。

（本文发表于2011年1月26日，选自《中国艺术报》，有删节）